LE ROMAN DE TRISTRAN

K T Ē M A T A

PUBLIÉS SOUS LA DIRECTION DE H. BRAET

1

BÉROUL

LE ROMAN
DE TRISTRAN

VERSION COMPLÈTE
EN FRANÇAIS MODERNE

par

HERMAN BRAET
Professeur aux Universités
d'Anvers et de Louvain

1983

PEETERS
LOUVAIN (BELGIUM)

D. 1983/0602/31

ISBN 2-8017-0217-X

La défaveur que connaissent actuellement les écrivains du moyen âge trouve pour une grande part son explication dans la difficulté de la langue. D'où l'utilité des traductions qui mettent l'importante production de cette période à la portée du public moderne.

L'enseignement supérieur lui-même ne condamne plus, comme naguère, l'emploi de ce genre d'auxiliaires, que l'on voit se multiplier à une allure accélérée. Il ne s'agit pas pour autant de remplacer le recours au texte même, mais de fournir une aide à sa compréhension et à son appréciation, et partant, de stimuler la prise de contact avec l'original. D'autre part, comme le remarque fort justement M. André Lanly, ce n'est pas "en avançant lentement, à tâtons, au rythme de vingt ou trente lignes par jour, que l'on peut comprendre le dessein général et les intentions d'un auteur" : la lecture préalable de l'oeuvre entière ou d'un épisode essentiel, s'impose comme une préparation indispensable à toute analyse détaillée.

Une fois l'obstacle majeur écarté, il sera possible de réintégrer dans le présent l'apport des siècles lointains et de rendre aux anciens poètes le titre de classiques, qu'ils n'ont jamais cessé de mériter.

La présente transcription en français moderne du "Tristran" de Béroul suit en principe le texte établi par le regretté Alfred Ewert, et revu par lui une dernière fois en 1967. De même, pour toute explication et interprétation de détail, il convient de consulter en premier lieu les excellents "Introduction and Commentary" qui couronnent l'oeuvre de toute une vie. Les deux volumes constituent en outre un précieux bilan des recherches et corrections dont le poème a fait l'objet.

Il a été tenu compte, évidemment, des éditions publiées par Ernest Muret (y compris celle de 1947, revue par "L.M. Defourques"), ainsi que des différents travaux critiques et littéraires. En ce qui concerne ceux-ci, le lecteur intéressé pourra compléter les indications bibliographiques de Ewert (tome I, p. ix; tome II, pp. 46 à 56) par la liste qui a été dressée plus loin.

De légères modifications ont été apportées au texte de l'édition oxonienne. La plupart s'inspirent de suggestions déjà formulées, notamment par Ewert lui-même[1]; celles qui sont proposées ici pour la première fois, tendent surtout à maintenir ou à réintroduire la leçon originale.

Voici la liste de ces corrections (où il n'est pas fait état des différences de ponctuation) :

---

(1) T.B.W. Reid, dont on connaît l'intérêt pour la langue et les problèmes textuels du poème, vient de recueillir en volume quantité d'interprétations et d'observations fort intéressantes (The "Tristran" of Beroul : a textual commentary). Nous regrettons de n'avoir pu tenir compte des nouvelles conjectures proposées par cet érudit, même si dans l'ensemble, nous adoptons les vues bédiéristes de son prédécesseur.

v. 42 : lire *raient* plutôt que *traient* (correction proposée par T.B.W. Reid et adoptée par Ewert); v. 43 : lire *ja*, qui est la leçon du manuscrit, plutôt que *la* (Muret-Defourques); v. 90 : *Faire mal faire et* (Muret); v. 208 : lire *sol*, au lieu de *fol*, qui est difficilement acceptable (mélecture possible du copiste; Muret); v. 382 : lire *son mestre* au lieu de *Governal* (Muret); v. 865 : lire *Qu´il i*, non *Qu´i[l] li;* v. 892 : lire *ne l´*, qui est la leçon du manuscrit, plutôt que *nes* (il n´est question que de Tristran); v. 1055 : lire *m´escor* au lieu de *mes jor* (correction proposée par B. Blakey); vv.1173-1174 : inverser ces deux vers (suggestion de B. Blakey); vv. 1175-1176 : inverser également ces deux vers; v. 1202 : lire *Et*, qui se trouve dans le manuscrit, plutôt que *Es* (sens satisfaisant); v. 1212 : lire *verrez*, qui est la leçon du manuscrit, plutôt que *verra;* v. 1257 : lire *ost*, qui est la leçon du manuscrit, plutôt que *vost;* v. 1282 : lire *qu´il*, non *quil;* v. 1443 : lire *beaus*, qui est la leçon du manuscrit, plutôt que *bauz;* v. 1728 : lire *plus* au lieu de *pus* (Ewert); v. 1892 : conserver la leçon du manuscrit *ensenble o lui*, plutôt que la conjecture *si con je cuit* (Ewert); v. 2032 : lire *vair* au lieu de *voirre* (mélecture probable; Ewert); v. 2146 : lire *Las n´en sui* au lieu de *L. n´en fui* (Muret et Ewert); v. 2402 : lire *ses* au lieu de *vos* (Ewert); v. 2664 : lire *hon* au lieu de *rois* (Muret); v. 2736 : lire *Dras de soië et porpre bis*, non *de soie et [de] p.b.;* v. 2849 : lire *qu´i*, non *qui* (Ewert); v. 3166 : lire *lenz* au lieu de *loinz* (correction proposée par U. Mölk); v. 3294 : lire *[le]*, non *[un]*; v. 3835 : lire *desresnement* au lieu d´*aresnement* (Muret); v. 3946 : lire *de soz*, qui est la leçon du manuscrit, plutôt que *de sor* (suggestion faite par T.B.W. Reid; cf. Ewert II, 245); v. 4081 : lire *cordel* au lieu de *corbel* (Muret et Ewert); v. 4107 : lire *l´enseigne*, qui est la leçon de manuscrit, plutôt que *l´outrage* (T.B.W. Reid et Ewert); v. 4108 : lire *conpaigne* au lieu de *barnage* (T.B.W. Reid et Ewert).

Cette version du "Tristran" vise en premier lieu à être fidèle. Nous ne nous sommes toutefois pas dissimulé la difficulté de reproduire toutes les nuances d´un style fort personnel; nous avons seulement tenté de serrer le texte de près et de chercher, chaque fois que c´était possible, un équivalent à la pensée de l´auteur.

Certains changements ont été apportés de parti pris. L´emploi des temps dans l´original étant parfois capricieux, nous avons préféré avoir recours au présent historique comme temps du récit. La confusion fréquente de "tu" et de "vous", et les différentes graphies des noms propres nous ont amené à régulariser et à uniformiser; les noms géographiques ont été remplacés par leur version moderne, pour autant que l´identification fût certaine.

Les divisions du récit et leurs titres ne se retrouvent évidemment pas dans le manuscrit, pas plus que les alinéas ne correspondent toujours aux majuscules du scribe.

Enfin, rappelons que toute traduction, même celle qui se veut littérale, est fatalement déjà une lecture interprétative. Rappelons qu´elle est aussi un choix et, par là, un sacrifice. Puisse la nôtre, malgré tout, permettre de faire entrevoir un peu de la vigueur primitive !

Louvain-Anvers, printemps 1973.

BIBLIOGRAPHIE SOMMAIRE

On ne trouvera ici que les principales éditions et traductions, ainsi que les travaux critiques les plus récents. Consulter par ailleurs Ewert, tome II, pp. 46 à 56; pour la bibliographie courante, voir le "Bulletin bibliographique de la Société Internationale Arthurienne" (paraissant une fois par an).

I. Principales éditions

Le Roman de Tristran par Béroul et un anonyme, poème du XIIe siècle, publié par ERNEST MURET, Paris, Société des Anciens Textes Français, 1903.

Béroul, Le Roman de Tristan, poème du XIIe siècle, édité par ERNEST MURET, Paris, "Classiques Français du Moyen Age, 12 ", 1913; deuxième édition revue, 1922; 3e éd. revue, 1928; 4e éd. revue par "L.M. DEFOURQUES", 1947.

The Romance of Tristran by Beroul, a Poem of the Twelfth Century, edited by ALFRED EWERT, vol. I (Introduction, Glossary, Text), Oxford, 1939; réimp. 1946, 1953, 1958, 1963, 1967, 1970; vol. II (Introduction, Commentary), Oxford, 1970. I-II, New York, 1971.
[c.r. vol. II : T.B.W. REID, *FSt,* XXV, 1971, pp. 53-55; E.M. KENNEDY *MAev,* XL, 1971, pp. 280-285; I. SHORT, *RPh,* XXVI, 1972-1973, pp. 466-470; H. NEWSTEAD, *Rbph,* L, 1972, pp. 221-223; B. MERRILEES, *Spec,* XLVII, 1972, pp. 744-747]

II. Traductions et adaptations*

Le Roman de Tristan et Iseut, traduit et restauré par JOSEPH BÉDIER, préface de Gaston Paris, Paris [1900] (souvent réimp.).

---

* Nous n'avons pas pu prendre connaissance des travaux de R. Bossuat (1951) et de D. Grojnowski (1971).

ANDRÉ MARY, *Tristan*. La merveilleuse histoire de Tristan et Iseut ... restituée ... et nouvellement écrite ..., Paris, 1937 (réimp. 1941, 1961).

ALBERTO DEL MONTE, *Tristano*. Introduzione, testi, traduzioni, Naples, [1952] (Biblioteca di lingue e letterature straniere, Sezione filologica, II) (extraits).

Berol, Tristan und Isolde, übersetzt von ULRICH MÖLK, Munich, 1962 (Klassische Texte des romanischen Mittelalters).

Béroul, Tristan and Iseult, A Twelfth Century Poem, translated from the old French by JANET HILLIER CAULKINS and GUY MERMIER, Paris, 1967.

Les Poèmes de Tristan et Iseut, extraits. Traduction..., notice..., notes par GABRIEL BIANCIOTTO, Paris, [1968] (Nouveaux Classiques Larousse).

E.M.R. DITMAS, *Tristan and Iseult in Cornwall*, retold... together with notes on old Cornwall and a survey of place names, Brockworth [1969].

The Romance of Tristan by Beroul, translated by ALAN S. FEDRICK, Harmondsworth, 1970 (Penguin Classics).

Tristan et Iseult, renouvelé ... d´après les textes des XIIe et XIIIe siècles par RENÉ LOUIS, Paris, 1972 (Le Livre de Poche classique, 1306).

III. Travaux récents

A. Sur la légende en général

DENIS DE ROUGEMONT, *L´Amour et l´Occident*, éd. revue et augmentée, Paris, 1956.

L. LENGYEL, *Le moment historique de la prise de conscience de l´Amour-Passion et le Symbolisme des sources celtiques du mythe de Tristan, Le Surréalisme même* II, 1957, pp. 12-25.

C. FRANÇOIS, *Tristan et Iseut, poème d´amour et manuel de la ruse*, dans *Mercure de France*, CCCXXXIX, 1960, pp. 611-625.

Tristan et Iseut à travers le temps. Discours de MAURICE DELBOUILLE, EUGÈNE VINAVER et DENIS DE ROUGEMONT, dans *Bulletin de l'Académie royale de langue et de littérature françaises,* XXXIX, 1961, pp. 199-212.

MOSHÉ LAZAR, *Amour courtois et fin ' amors dans la littérature du XIIe siècle,* Paris, 1964 (Bibliothèque française et romane, série C : Etudes littéraires, VIII)   (voir pp. 149-173).

J.M. FERRANTE, *Tristan, a comparative study of five medieval works* (Béroul, Eilhart d'Oberge, Thomas, Gottfried de Strasbourg, "Tavola Ritonda"), *Dissertations Abstracts,* XXVII, 1966-1967, col. 1782 A - 1783 A.

JEAN-CHARLES PAYEN, *Le motif du repentir dans la littérature française médiévale (des origines à 1230),* Genève, 1968 (Publications romanes et françaises, XCVIII)   (pp. 331-364).
[c.r. : P. GALLAIS, *CCM,* XV, 1972, pp. 61-74]

ROBERT J. BLANCH, *The History and progress of the Tristan legend (Drust to Malory),* dans *Revue des Langues Vivantes,* XXXV, 1969, pp. 129-135.

MICHEL CAZENAVE, *Le Philtre et l'Amour. La légende de Tristan et Iseut,* Paris, 1969.

PHILIPPE MÉNARD, *Le rire et le sourire dans le roman courtois en France au moyen âge (1150-1250),* Genève, 1969 (Publications romanes et françaises, CV)   *(passim).*

RENÉE L. CURTIS, *Tristan Studies,* Munich, 1969.

HELAINE NEWSTEAD, *The Equivocal Oath in the Tristan legend,* dans *Mélanges offerts à Rita Lejeune,* Gembloux, 1969, pp. 1077-1085.

SIGMUND EISNER, *The Tristan legend. A study in sources,* Evanston, 1969.

ALBERTO VARVARO, *L'utilizzazione letteraria di motivi della narrativa popolare nei romanzi di Tristano,* dans *Mélanges de langue et de littérature du Moyen âge et de la Renaissance offerts à Jean Frappier,* Genève, 1970 (Publications romanes et françaises, CXII), (pp. 1057-1075).

LOUISE GNÄDINGER, *Hiudan und Petitcreiu. Gestalt und Figur des Hundes in der mittelalterlichen Tristandichtung*, Zur:ch, Fribourg-en-Brisgau, 1971.

FRANÇOISE BARTEAU, *Les Romans de Tristan et Iseut. Introduction à une lecture plurielle*, Paris, 1972.

JEAN SUBRENAT, *Aude et Iseut*, à paraître dans *Mélanges offerts à Charles Rostaing*, [1974].

B. Sur le "Tristran" de Béroul

SÜHEYLÂ BAYRAV, *Symbolisme médiéval : Béroul, Marie, Chrétien*, Paris, Istanbul, 1957 (chap. Ier, pp. 45-74).

PIERRE JONIN, *La ruse d'Iseut dans le "Tristan" de Béroul*, dans *Hommage à Etienne Gros*, Gap, 1959, pp. 77-84.

WILHELM GIESE, *König Markes Pferdeohren*, dans *ZRP*, LXXV, 1959, pp. 493-506.

ALBERTO VÀRVARO, *Il "Roman de Tristan" di Béroul*, Turin, 1963 [c.r. : V. BERTOLUCCI, *StF*, VIII, 1964, pp. 492-495; A. EWERT, *FSt*, XVIII, 1964, pp. 145-146; J. FRAPPIER, *Rom*, LXXXV, 1964, pp. 353-359; M.D. LEGGE, *MAev*, XXXIV. 1965, pp. 55-58; J.CH. PAYEN, *MA*, LXXI, 1965, pp. 600-607; U.T. HOLMES, *Spec*, XLIII, 1968, pp. 196-198; R. HITZE, *RF*, LXXX, 1968, pp. 177-181; J.M. FERRANTE, *RPh*, XXIV, 1970-1971, pp. 651-656]).

(Traduction anglaise par JOHN C. BARNES, Manchester New York, 1972 [avec une postface de l'auteur et un complément bibliographique, pp. 209 à 216]).

STEPHEN G. NICHOLS JR, *Crítica moralizante y literatura medieval. "Le Roman de Tristan" de Béroul*, dans *Anuario de Estudios Medievales*, II, 1965.

DONALD STONE JR, *Realism and the real Beroul*, dans *L'Esprit Créateur*, V, 1965, pp. 219-227.

ID., *El realismo y el Beroul real*, dans *Anuario de Estudios Medievales*, III, 1966, pp. 457-463.

FRANÇOIS RIGOLOT, *Valeur figurative du vêtement dans le "Tristan" de Béroul*, dans *CCM*, X, 1967, pp. 447-453.

EUGÈNE VINAVER, *La Forêt de Morois*, dans *CCM*, XI, 1968, pp. 1-14 (repris dans E.V., *A la recherche d'une poétique médiévale*, Paris, 1970, pp. 75-104).

RENÉE L. CURTIS, *The abatement of the magic in Béroul's "Tristan"*, dans R.L.C., *Tristan Studies*, pp. 28-35.

PETER NOBLE, *L'influence de la courtoisie sur le "Tristan" de Béroul*, dans *MA*, LXXV, 1969, pp. 467-477.

JANET H. CAULKINS, *Béroul's concept of love as revealed in "Tristan et Iseult"*, dans *BBSIA*, XXI, 1969, p. 150 (résumé).

E.M.R. DITMAS, *King Arthur in Béroul's "Tristan"*, dans *BBSIA*, XXI, 1969, p. 161 (résumé).

MARY DOMINICA LEGGE, *Place-names and the date of Béroul*, dans *MAev*, XXXVIII, 1969, pp. 171-174.

T.B.W. REID, *A further note on the language of Béroul*, dans *Rom*, XC, 1969, pp. 382-390.

RENÉ MÉNAGE, *L'Atelier Béroul, ou Béroul artiste*, dans *Université de Grenoble. U.E.R. de Lettres. Recherches et Travaux*, nos 1, 1970 ; 3, 1971 (à paraître en entier dans *Romania*).

J. NORRIS LACY, *Irony and distance in Béroul's "Tristan"*, dans *FR* Special Issue 3 (Fall 1971), pp. 21-29.

JANET H. CAULKINS, *The Meaning of "pechié" in the "Romance of Tristran" by Béroul*, dans *Romance Notes*, XIII, 1972, pp. 545-549.

F. XAVIER BARON, *Visual presentation in Béroul's "Tristan"*, dans *MLQ*, XXXIII, 1972, pp. 99-112.

ANDRÉ DE MANDACH, *Aux portes de Lantiën en Cornouailles : une tombe du VIe siècle portant le nom de Tristan*, dans *MA*, LXXVIII, 1972, pp. 389-425.

ELISABETH J. BIK, *Les interventions d'auteur dans le "Tristan" de Béroul*, dans *Neoph*, LVI, 1972, pp. 31-42.

RENÉ MÉNAGE, *Sur les vers 161 et 162 du "Tristan" de Béroul*, dans *Rom*, XCIII, 1972, pp. 108-113.

BRIAN BLAKEY, *Truth and falsehood in the "Tristran" of Béroul*, dans *History and structure of French. Essays in honour of T.B.W. Reid,* Oxford, 1972, pp. 19-29.

C.A. ROBSON, *Quatrains and Passages of Eight Lines in Béroul : Some Stylistic and Linguistic Aspects,* dans *History...,* pp. 171-201.

JEAN FRAPPIER, *La reine Iseut dans le "Tristan" de Béroul,* dans *RPh,* XXVI, 1972-1973, pp. 215-228.

PHYLLIS JOHNSON, *"Dolor"*, *"dolent"* et *"soi doloir"*. *Le vocabulaire de la douleur et la conception de l'amour selon Béroul et Thomas,* dans *RPh,* XXVI, 1972-1973, pp. 546-554.

PIERRE JONIN, *Un phénomène de concordance : un passage du "Tristan" de Béroul,* dans *Rom,* XCIV, 1973, pp.

JACQUES DE CALUWÉ, *Ancien français "Stube" : à propos d'un vers de Béroul,* à paraître dans *Hommage au professeur Maurice Delbouille,* Liège, nº spécial de *Marche Romane,* 1973.

HERMAN BRAET, *Les Amants dans la forêt. A propos d'un passage du "Tristran" de Béroul,* à paraître dans les *Mélanges offerts à Teruo Sato,* vol. I, Nagoya (Japon), [1973].

JANET H. CAULKINS, *Réflexions sur la durée de l'effet du breuvage chez Béroul et chez Thomas,* à paraître dans les *Mélanges offerts à Charles Rostaing,* [1974].

EUGÈNE VINAVER, *Remarques sur quelques vers de Béroul,* à paraître dans *Studies in medieval languages and literature in memory of the late Dr. Frederick Whitehead,* Manchester, [1974].

*

*   *

Addenda

Jean Charles PAYEN, *Lancelot contre Tristan : la conjuration d'un mythe subversif. (Réflexions sur l'idéologie romanesque au moyen âge),* dans *Mélanges de langue et de littérature médiévales offerts à Pierre Le Gentil,* Paris, 1973, pp. 617-630.

Pierre JONIN, *L'esprit celtique dans le roman de Béroul,* dans *Mélanges. . . Le Gentil,* pp. 409-420.

Gérard MOIGNET, *Remarques sur le pronom personnel régime dans la syntaxe du "Tristan" de Béroul,* dans *Mélanges . . . Le Gentil,* pp. 561-568.

T.B.W. REID, *The "Tristran" of Beroul. A textual commentary,* Oxford, 1972.
[C.r. : F. LECOY, *Rom* XCIII, 1972, 575-576; B. BLAKEY, *French Studies,* XXVII, 1973, 316-317; K. BALDINGER, *ZRP* LXXXVIII, 1972, 679-680]

LE RENDEZ-VOUS EPIE

. . . .

[Mais elle se garde bien]
De rien laisser paraître.
Comme elle s´approche de son ami,
4 *Ecoutez comment elle le devance :*
"Sire Tristran, par Dieu le roi,
Vous me faites grand tort
En me faisant venir à pareille heure ! "
8 *Elle fait alors semblant de pleurer.*

. . . .

. . . .

16 "Pour l´amour de Dieu, qui a créé l´air et la mer,
Ne m´appelez plus jamais.
Tristran, je vous le dis bien à regret :
Je ne viendrais certainement pas.
20 Le roi pense, sire Tristran,
Que je vous ai aimé éperdument.
Mais je jure devant Dieu que j´ai été fidèle :
Qu´il m´envoie son châtiment
24 Si un autre que celui qui m´eut vierge
Obtint jamais mon amour !
Même si, comme il me semble, les félons de ce royaume,
Pour qui jadis vous avez combattu
28 Et tué le Morholt,
Lui font accroire
Que l´amour nous unit,
Vous n´avez pourtant, sire, ce désir.
32 Et moi non plus, par Dieu tout-puissant,
Je n´aspire pas à un amour
Qui mène au déshonneur.
J´aimerais mieux être brûlée
36 Et que le vent disperse mes cendres,
Que d´aimer tant que je vivrai

1

Un autre homme que mon seigneur.
Eh, Dieu ! pourtant il ne me croit pas.
40 Je puis dire : j'étais si haut, me voici bien bas.
Sire, Salomon dit bien vrai :
Celui qui sauve le larron du gibet
Ne s'en fera jamais aimer.
44 Si les félons de ce royaume
. . . .
48 . . . .
. . devraient garder cet amour secret.
Vous avez dû souffrir beaucoup
De la blessure reçue
52 Dans le combat que vous avez livré
Contre mon oncle. Je vous ai guéri :
Si vous êtes devenu mon ami,
Par ma foi, cela n'a rien d'étonnant !
56 Et ils ont fait entendre au roi
Que vous m'aimiez d'un amour déshonnête.
Qu'ils rejoignent Dieu et son royaume !
Mais jamais ils ne contempleront sa face.
60 Tristran, gardez-vous de m'appeler encore,
En quelque lieu et pour quelque raison que ce soit :
Je ne serais pas assez téméraire
Pour oser y venir.
64 J'ai trop demeuré ici, je ne veux pas le cacher :
Si le roi en savait un seul mot,
Je serais écartelée,
Et ce serait une grande injustice;
68 Je sais très bien qu'il me mettrait à mort.
Tristran, le roi ignore certainement
Que c'est à cause de lui que je vous ai beaucoup aimé :
72 Je vous ai pris en affection
Parce que vous étiez de son lignage.
Il me semblait jadis que ma mère
Aimait beaucoup les parents de mon père.
Elle disait que jamais une épouse
76 Ne pouvait tenir à son mari
Si elle n'aimait pas sa famille;
Je suis sûre qu'elle disait vrai.

Sire, à cause de lui je vous ai beaucoup aimé
80 Et pour cela j´ai perdu toute sa faveur.
            - Certes, et il . . . .

    . . . .
Ses hommes lui ont fait accroire
84 A notre sujet des choses qui ne sont pas vraies.
            - Sire Tristran, que voulez-vous dire ?
Le roi, mon seigneur, est très courtois :
Il n´aurait jamais imaginé de lui-même
88 Que nous puissions partager un tel sentiment;
Mais on peut induire un homme
A faire le mal et à négliger le bien :
Ainsi a-t-on fait avec mon seigneur.
92 Tristran, je m´en vais; j´ai trop demeuré.
            - Dame, pour l´amour de Dieu, pitié !
Je vous ai fait venir et vous êtes venue :
Ecoutez un peu ma prière;
96 Vous m´avez toujours été chère ! ”
En entendant parler son amie,
Il comprend qu´elle s´est rendu compte.
Il en rend grâces à Dieu :
100 *Il sait à présent qu´ ils s´en sortiront.*
“Hélas, Iseut, fille de roi,
Noble, courtoise et loyale !
Plusieurs fois je vous ai fait appeler
104 Depuis que la chambre me fut interdite
Et que je ne pus vous parler.
Dame, je viens vous supplier
De vous souvenir de ce malheureux
108 Qui endure une grande peine :
Je suis tellement affligé que le roi ait jamais
Pensé mal du sentiment que vous me portez
Qu´il ne me reste qu´à mourir.
112 . . . .

    . . . .
118 . . . . qu´il fût assez sage
    . . . . ne crût pas une mauvaise langue . . .
120 Me bannir de sa présence.
A présent, les perfides Cornouaillais

S´en réjouissent et s´en gaussent.
Maintenant je vois bien, me semble-t-il,
124 Qu´ils ne voudront pas qu´il ait
Auprès de lui un homme de son lignage;
Son mariage m´a donné beaucoup de peine.
Dieu ! pourquoi le roi est-il si crédule ?
128 Je me laisserais
Pendre à un arbre
Plutôt que de jamais devenir votre amant.
Il ne me permet même pas de me justifier.
132 Il me poursuit de son courroux à cause de ses félons;
Il a bien tort de les croire :
Ils l´ont trompé et il n´y voit goutte.
Je les vis bien silencieux et muets
136 Quand le Morholt est venu ici
Et qu´il n´y en eut pas un seul
Qui osât prendre les armes.
Je vis là mon oncle très anxieux;
140 Il eût préféré être mort que vivant.
Pour accroître son honneur, je pris les armes,
Je me battis et je le chassai (le Morholt).
Mon oncle bien-aimé ne devrait pas
144 Croire ses courtisans à mon sujet;
J´en ai souvent le coeur gros.
Pense-t-il que cela ne lui portera pas préjudice ?
Certes, oui, il n´en sera pas autrement.
148 Par Dieu, le fils de sainte Marie,
Dame, dites-lui sur l´heure
De faire allumer un grand feu
Et j´entrerai dans le brasier;
152 Si de la haire que j´aurai revêtue
Un seul poil est brûlé,
Qu´il me laisse consumer par le feu;
Car je sais bien qu´il n´y a personne
156 A sa cour qui soit prêt à me combattre.
Dame, j´en appelle à votre noble coeur,
N´êtes-vous pas prise de pitié ?
Dame, je vous en supplie :
160 Regagnez-moi la faveur de mon ami;

Puisque c´est vers lui que je vins ici par la mer,
Je vais me tourner vers lui comme vers un seigneur.
         - En vérité, sire, vous avez grand tort
164   Quand vous me suggérez
         D´intercéder auprès de lui
         Pour qu´il oublie son ressentiment.
         Je ne veux pas encore mourir
168   Ni consommer ma perte.
         Il vous soupçonne à mon sujet
         Et moi, j´irais lui en parler ?
         Ce serait être trop hardie.
172   Par ma foi, Tristran, je n´en ferai rien
         Et vous ne devez pas me le demander;
         Je suis toute seule dans ce pays.
         Il vous a fait défendre les appartements
176   A cause de moi; s´il m´en entendait parler à présent,
         Il pourrait bien me prendre pour folle;
         Par ma foi, je n´en soufflerai mot.
         Mais à vous je dirai ceci,
180   Et je veux que vous le sachiez :
         Par Dieu, beau sire, s´il vous pardonnait
         D´avoir causé son déplaisir et sa colère,
         J´en serais joyeuse et contente.
184   Mais s´il savait cette équipée, Tristran,
         Je suis certaine qu´il n´y aurait plus
         De recours contre la mort.
         Je m´en vais, . . . je ne dormirai :
188   Je crains que quelqu´un
         Ne nous ait vu venir ici.
         Si le roi entendait dire
         Que nous nous sommes rencontrés ici,
192   Il me ferait brûler sur le bûcher.
         Et cela ne serait pas étonnant.
         Je tremble, j´ai grand peur;
         La peur qui m´étreint me force
196   A partir; je ne suis restée que trop longtemps.”
              Iseut s´en retourne. Il la rappelle :
         “Dame, au nom de Dieu qui pour le genre humain
         Se fit homme d´une vierge,

200   Aidez-moi par pitié.
       Je sais bien que vous n´osez demeurer davantage,
       Mais à qui me plaindrais-je sinon à vous;
       Je sais que le roi m´a en grande haine.
204   Tout mon harnais a été mis en gage;
       Faites-le moi donc remettre
       Et je m´enfuirai; je n´ose rester.
       Je sais que ma renommée est telle
208   En quelque contrée que j´atteigne,
       Qu´il n´y a pas de cour au monde, j´en suis certain,
       Où je ne puisse aller sans que le seigneur ne m´engage.
212   Iseut, par ma tête blonde,
       Aurais-je eu quelque chose qui lui appartenait
       Que mon oncle, avant un an d´ici,
       Aurait souhaité ne pas avoir eu cette pensée
       Pour tout son pesant d´or;
216   Je vous dis la vérité.
       Iseut, pour l´amour de Dieu, pensez à moi,
       Acquittez-moi auprès de mon hôte.
          - Par Dieu, Tristran, je m´étonne fort
220   Que vous me teniez de tels propos !
       Vous voulez ma perte;
       Cette proposition n´est pas loyale :
       Vous connaissez bien ses soupçons,
224   Qu´ils soient fondés ou qu´il s´agisse d´enfantillages.
       Par Dieu, le seigneur glorieux
       Qui créa le ciel, la terre et nous,
       S´il entendait dire
228   Que j´ai fait libérer vos gages,
       La chose serait trop manifeste.
       Certes, je ne suis pas si hardie;
       Je ne vous le dis pas par avarice,
232   Sachez-le bien.”
       Sur ce, Iseut s´en retrourne;
       Tristran l´a saluée en pleurant.
236   *Tristran, appuyé*
       Contre le perron de marbre gris,
       Semble se lamenter :
       “Ah, Dieu, saint Evroul, beau sire,

Je ne pensais pas faire une telle perte
240 Ni m´enfuir en tel état de pauvreté !
Je n´emmènerai ni armes ni cheval,
Ni d´autre compagnon que Governal.
Ah, Dieu, malheur à l´homme démuni !
244 On fait peu de cas de lui !
Quand je serai dans un autre pays,
Si j´entends un chevalier parler de guerre,
Je n´oserai souffler mot :
248 L´homme dénué n´a pas le droit de parler.
A présent il me faudra subir un destin
Qui m´aura apporté beaucoup de mal et de désillusions.
Cher oncle, il me connaissait bien peu
252 Celui qui m´a soupçonné au sujet de votre femme;
Jamais je n´eus le désir de commettre une telle folie.
Ce serait peu à mon goût
.   .   .   .
256 .   .   .   .
.   .   .   .
Le roi, qui est dans l´arbre,
A bien vu la rencontre
260 *Et a entendu toute la conversation.*
A cause de la pitié qui lui étreint le coeur,
Il ne retiendrait ses larmes
Pour rien au monde; il se désole
264 *Et se prend de haine pour le nain de Tintagel.*
"Hélas," *fait le roi,* "maintenant j´ai vu
Que le nain m´a bien trompé.
Il me fit grimper dans cet arbre :
268 Il ne pouvait m´humilier davantage;
Sur mon neveu, il m´a raconté
Des mensonges, je le ferai pendre pour cela,
Et parce qu´il a suscité ma colère
272 Et me fit haïr de ma femme.
Je l´ai cru et j´ai agi comme un insensé.
Il en recevra la récompense :
Si je puis mettre la main sur lui,
276 Je le ferai consumer par le feu;
Par mes mains il connaîtra une fin plus cruelle

Que celle que Constantin réserva
A Segoçon, qu'il fit châtrer
280 Quand il le surprit avec sa femme.
Il l'avait couronnée à Rome
Et maints hommes de bien la servaient;
Il la chérit et l'honora;
284 Il agit mal envers elle et le regretta plus tard."
Tristran s'en est allé depuis peu
Quand le roi descend de l'arbre;
Il se dit en lui-même qu'à présent il croit sa femme
288 *Et non plus les barons du royaume,*
Qui lui ont fait accroire une chose
Qu'il sait être fausse
Et dont il a constaté la caractère mensonger.
292 *Il n'aura de cesse que son épée n'ait administré*
Au nain une telle récompense
Qu'il ne pourra jamais plus raconter de calomnies;
Et plus jamais il (Marc) ne soupçonnera
296 *Tristran au sujet d'Iseut; au contraire, il leur laissera*
La chambre tout à leur loisir :
"Maintenant je puis enfin être certain;
Si cela avait été vrai, cette entrevue
300 Ne se serait pas terminée ainsi;
S'ils s'étaient aimés d'un fol amour,
Ils en avaient ici tout loisir
Et je les aurais vus échanger des baisers;
304 Mais je les ai entendus se lamenter.
Maintenant, je suis certain qu'ils n'y songent pas.
Pourquoi ai-je cru à un tel forfait ?
Cela me pèse et je m'en repens;
308 Bien fou celui qui croit tout le monde.
J'aurais dû établir
La vérité concernant ces deux,
Avant de concevoir de folles présomptions.
312 Cette soirée leur était de bon augure !
Leur conversation m'en a tant appris
Que jamais plus je ne me ferai du souci à leur sujet.
Demain matin, je me réconcilierai
316 Avec Tristran, et il aura la permission

De se tenir dans ma chambre comme bon lui semblera;
Et le départ qu´il projetait
Pour demain est remis".

320   *Parlons maintenant de Frocin, le nain bossu.*
       Il est dehors et regarde en l´air.
       Il voit Orion et Vénus;
       Il connaît la route des étoiles
324   *Et observe les sept planètes.*
       Il connaît bien l´avenir :
       Quand il apprend la naissance d´un enfant,
       Il peut préciser tous les faits de sa vie.
328   *Le nain Frocin, plein de malice,*
       A tout mis en oeuvre pour tromper celui
       Qui lui fera rendre l´âme.
       Dans les étoiles il voit les signes d´une réconciliation :
332   *Il rougit et enfle de dépit;*
       Il sait que le roi le menace
       Et n´aura de cesse qu´il ne l´ait tué.
       Le nain se rembrunit et pâlit;
336   *Il s´enfuit rapidement vers le pays de Galles.*
       Le roi cherche le nain sans relâche;
       Il ne peut le trouver et en a grand dépit.
       Iseut est entrée dans sa chambre.
340   *Brangien la voit toute pâle;*
       Elle comprend qu´elle vient d´apprendre
       Une nouvelle qui lui attriste le coeur,
       Pour qu´elle change de couleur et pâlisse ainsi.
344   *[Elle lui demande ce qu´elle a.]*
       Celle-ci répond : "Chère maîtresse,
       J´ai bien lieu d´être anxieuse et triste.
       Brangien, je ne veux pas vous le cacher :
348   J´ignore qui a voulu nous trahir aujourd´hui,
       Mais le roi Marc était dans l´arbre,
       Là où se trouve le bloc de marbre.
       Je vis son reflet dans la fontaine.

352   Dieu me permit de parler la première :
       De ce que j´y cherchai
       Je ne soufflai mot, je vous le garantis,
       Au contraire, il y eut de vives plaintes
356   Et de longs gémissements.
       Je le blâmai de m´avoir mandée
       Et lui me pria de la même façon
       De le réconcilier avec mon seigneur,
360   Qui, à tort, se trompe lourdement sur
       Ses sentiments à mon égard ; et je lui dis
       Qu´il me demandait une chose insensée,
       Que je ne viendrais plus jamais à lui
364   Et que jamais je ne parlerais au roi.
       Je ne sais ce que j´ai encore pu ajouter;
       Il y eut beaucoup de lamentations.
       Jamais le roi ne s´est douté de rien,
368   Ni n´a perçu mon état d´âme;
       Je me suis tirée d´affaire.”
       Brangien, à ces mots, se réjouit :
       “Iseut, ma dame, Dieu, qui ne déçoit jamais,
372   Nous a fait une grande faveur
       Quand il vous a fait rompre
       L´entretien sans en faire davantage,
       De sorte que le roi n´a rien vu
376   Qui ne puisse être pris en bonne part.
       Dieu a fait pour vous un grand miracle;
       Il est un vrai père et comme tel
       Il ne veut pas de mal à
380   Ceux qui sont bons et loyaux.”
       Tristran, de son côté, raconte en détail
       A son maître comment il s´est comporté;
       En l´entendant, celui-ci rend grâces à Dieu
384   *Qu´il n´en ait pas fait davantage avec son amie.*

          Le roi ne peut trouver son nain.
     Dieu ! ce sera bien fâcheux pour Tristran !

Le roi revient dans sa chambre;
388 *Iseut, qui en a grand peur, l'aperçoit :*
"Sire, pour Dieu, d'où venez-vous ?
Que vous faut-il, que vous veniez seul ainsi ?
- Reine, je viens seulement vous parler
392 Et vous demander une chose;
Ne me cachez pas la vérité,
Car je veux la connaître.
- Sire, pas un jour de ma vie je ne vous ai menti;
396 Même s'il me faut mourir à l'instant,
Je dirai toute la vérité;
Je ne vous mentirai en rien.
- Dame, avez-vous vu mon neveu depuis lors ?
400 - Sire, je vais vous exposer toute la vérité;
Vous ne croirez pas que je dise vrai,
Mais je parlerai sans tricherie :
Je l'ai vu et je lui ai parlé;
404 Avec votre neveu je me suis trouvée sous ce pin.
Maintenant, tuez-moi, roi, si vous le voulez.
Certes, je l'ai vu; c'est fort dommage,
Car vous pensez que j'aime Tristran
408 D'un amour déshonnête et dissimulé;
J'en suis si affligée que peu m'importe
Que vous me fassiez faire le grand saut.
Sire, grâce pour cette fois !
412 Je vous ai dit la vérité et vous ne me croyez pas,
Mais vous croyez plutôt des propos absurdes et sans fondement;
Ma bonne foi me sauvera.
Tristran, votre neveu, vint sous le pin
416 Qui se trouve là dans ce jardin,
Et il me fit demander de le rejoindre.
Il ne me dit rien, si ce n'est que je devais
Lui réserver un accueil plus chaleureux :
420 C'est grâce à lui que je suis votre reine.
Certes, n'étaient les lâches
Qui vous disent ce qui jamais ne sera,
Je lui aurais fait volontiers bon accueil.
424 Sire, je vous considère comme mon époux,

Et il est bien votre neveu, me semble-t-il;
C'est pour vous, sire, que je l'ai tant aimé.
Mais les félons, les mauvaises langues,
428 Qui veulent l'éloigner de la cour,
Vous font accroire des mensonges.
Tristran s'en va : Dieu fasse
Qu'ils soient couverts de honte !
432 J'ai parlé à votre neveu hier soir;
En homme tourmenté il se lamente,
Sire, pour que je le réconcilie avec vous.
Je lui ai dit de s'en aller
436 Et de ne plus jamais me mander,
Car je ne viendrais plus à lui
Et ne vous en parlerais pas.
Sire, ne vous méprenez pas :
440 Il n'y eut rien de plus. Si vous le voulez,
Tuez-moi, mais ce sera injuste.
Tristran s'en va à cause de cette querelle;
Je sais qu'il s'en va outre-mer.
444 Il m'a demandé de payer son logement;
Je n'ai voulu l'acquitter de rien
Ni m'attarder à lui parler.
Sire, je vous ai dit la vérité tout entière;
448 Si je vous ai menti, coupez-moi la tête.
Sachez-le, sire, sans aucun doute,
Je lui aurais payé sa dette
Bien volontiers, si j'avais osé;
Mais je n'ai même pas voulu lui glisser
452 Dans la bourse quatre besants entiers,
Par crainte de votre entourage médisant.
Il s'en va pauvre; Dieu le conduise !
456 C'est à grand tort que vous le poussez à fuir.
Il n'ira jamais dans un pays
Où Dieu ne lui est pas favorable.''
Le roi sait qu'elle dit la vérité :
460 *Il a entendu toutes leurs paroles.*
Il la prend dans ses bras et la couvre de baisers.
Elle pleure, il la conjure de se calmer :
Il ne les soupçonnera plus jamais,

464 *Quoi qu´en disent les mauvaises langues;*
Qu´ils aillent et qu´ils viennent à leur guise.
Les biens de Tristran seront désormais les siens
Et ce qui lui appartient sera à Tristran.
468 *Plus jamais il ne croira les Cornouaillais;*
Et le roi de raconter à la reine
Comment le vilain nain Frocin
A dénoncé le rendez-vous
472 *Et comment il l´a fait monter*
Tout en haut du pin pour les épier
Lors de leur entretien, à la tombée de la nuit.
"Sire, vous étiez donc dans le pin ?
476 - Oui, dame, par saint Martin !
Pas un mot ne fut échangé
Que je n´aie entendu, ni long ni bref.
Quand j´ouïs Tristran retracer
480 Le combat que je lui fis entreprendre,
J´eus pitié de lui; je faillis
Tomber de l´arbre.
Et quand je vous entendis rappeler
484 Les souffrances qu´il lui a fallu endurer en mer,
[La blessure] du dragon dont vous l´avez guéri
Et les bontés dont vous l´avez comblé,
Et quand il vous pria d´acquitter
488 Ses gages, j´eus de la peine.
Vous ne vouliez les lui acquitter
Et aucun de vous deux ne cherchait à s´approcher de l´autre.
J´en fus pris de pitié; du haut de mon arbre
492 J´en ris doucement et n´en fis pas davantage.
- Sire, j´en suis très heureuse.
Vous savez avec certitude
Que nous avions tout loisir;
496 S´il m´avait aimée passionnément,
Vous en auriez eu suffisamment la preuve.
A aucun moment, par ma foi, vous ne l´avez vu
S´approcher de moi si peu que ce soit,
500 Ni commettre quelque inconvenance, ni me donner un baiser.
Il semble bien établi
Qu´il ne me voue pas un amour indigne.

Sire, si vous ne veniez pas de nous voir,
504 Certes, vous ne nous auriez pas crus.
- Par Dieu, non", *fait le roi.*
"Brangien, que Dieu te bénisse,
Va chercher mon neveu chez lui;
508 Et s´il te dit quoi que ce soit,
Ou qu´il ne veuille pas venir à cause de toi,
Dis-lui que je lui ordonne de venir à moi."
Brangien lui répond : "Sire, il me hait,
512 Et c´est à tort, Dieu le sait;
Il dit que par ma faute il est brouillé avec vous
Et il est acharné à ma perte.
J´irai; pour l´amour de vous il s´abstiendra
516 Peut-être de lever la main sur moi.
Sire, pour Dieu, réconciliez-moi avec lui,
Quand il sera ici."
Entendez ce que dit la maline !
520 *Elle agit en parfaite coquine :*
Elle invente à dessein
En se plaignant de ce ressentiment.
"Roi, je vais le chercher", *dit Brangien,*
524 "Réconciliez-moi avec lui, vous ferez bien."
Le roi répond : "Je m´y emploierai.
Vas-y donc tout de suite et amène-le."
Iseut rit et le roi encore davantage.
528 *Brangien gagne la porte d´un pas léger.*
Tristran est appuyé contre le mur;
Il les a bien entendus parler au roi.
Il prend Brangien par le bras,
532 *L´embrasse et rend grâces à Dieu :*
[Désormais il aura tout loisir]
De rencontrer Iseut autant qu´il lui plaira.
Brangien s´adresse à Tristran :
536 "Sire, là, dans sa demeure,
Le roi a tenu un long discours
Sur vous et votre chère amie.
Il vous pardonne d´avoir causé son déplaisir;
540 A présent, il hait ceux qui vous cherchent querelle.
Il m´a priée de venir à vous.

Je lui ai dit que vous étiez en colère contre moi;
Faites semblant de vous faire prier
544 Et de ne pas venir volontiers.
Si le roi intercède en ma faveur,
Feignez de l´écouter de mauvaise grâce."
Tristran la prend dans ses bras et lui donne un baiser;
548 *Il se réjouit de pouvoir de nouveau vivre à sa guise.*
Ils se rendent à la chambre peinte
Où se tiennent le roi et Iseut.
Tristran entre dans la chambre.
552 "Neveu", *dit le roi,* "avancez;
Renoncez à votre colère envers Brangien
Et je vous ferai quitte de la mienne.
- Oncle, cher sire, écoutez-moi :
556 Vous vous excusez de façon bien désinvolte,
Après m´avoir chargé d´une accusation
Dont je me désole en moi-même -
Un tel outrage, une telle félonie !
560 J´aurais été damné et elle, honnie.
Jamais, Dieu le sait, de telles pensées ne nous ont effleurés.
Maintenant vous savez qu´il vous hait,
Celui qui vous a fait croire une telle extravagance.
564 Dorénavant, faites-vous mieux conseiller
Et ne vous emportez plus contre la reine
Ni contre moi, qui suis de votre sang.
- Certainement pas, cher neveu, par ma foi."
568 *Tristran fait la paix avec le roi.*
Le roi lui permet
L´accès des appartements; quelle n´est pas sa joie !
Tristran va et vient dans les appartements
572 *Et le roi ne s´en soucie nullement.*

LES AMANTS PRIS AU PIEGE

Ah ! Dieu ! qui peut aimer
Un an ou deux sans se trahir ?
Amour ne se dissimule pas :
576 *Souvent l´un fait un clin d´oeil à l´autre;*
Souvent ils ont des entretiens,
Soit en cachette, soit en présence de tiers;
Nulle part ils ne peuvent espérer être à l´aise,
580 *Eux qui sont appelés à se rencontrer souvent.*

Il y a à la cour trois barons;
Jamais on n´en vit de plus félons.
Ils se sont juré
584 *Que, si le roi n´oblige pas*
Son neveu à quitter le pays,
Ils n´en toléreront pas davantage,
Mais se retireront dans leurs châteaux
588 *Et feront la guerre au roi Marc.*
Parce que l´autre jour ils ont vu
Dans un jardin, sous une ente, la noble Iseut
Avec Tristran, dans une situation
592 *Qu´aucun homme ne devrait accepter;*
Et qu´ils les ont vus plusieurs fois
Dévêtus dans le lit du roi Marc;
Parce que, quand le roi s´en va au bois
596 *Et que Tristran dit :   "Sire, je m´en vais",*
Mais reste et entre dans la chambre,
Ils y demeurent longtemps ensemble.
"Nous le lui dirons nous-mêmes;
600 *Allons chez le roi et disons-le-lui :*

Qu´il nous aime ou qu´il nous haïsse,
Nous voulons qu´il chasse son neveu."
        Tous ensemble, ils ont pris cette décision.
604 *Ils abordent le roi Marc*
     Et le prennent à part :
     "Sire", *font-ils,* "les choses vont mal.
     Iseut et votre neveu s´aiment;
608 Quiconque veut le savoir, le peut.
     Nous ne voulons pas le tolérer davantage."
     Le roi comprend, soupire
     Et courbe la tête;
612 *Il marche de long en large, ne sachant que dire.*
     "Roi," *disent les trois félons,* "par notre foi,
     Nous n´en supporterons pas davantage;
     Nous savons fort bien
616 Que vous consentez à leur crime
     Et que vous êtes au courant de ce scandale.
     Que ferez-vous ?   Prenez conseil !
     Si vous n´éloignez pas votre neveu de la cour
620 De sorte qu´il n´y revienne jamais,
     Nous ne vous garderons pas notre fidélité
     Et nous ne vous laisserons pas en paix;
     Nous entraînerons nos voisins hors de cette cour,
624 Car nous ne pouvons accepter cette situation.
     Nous vous soumettons ce choix sans attendre;
     Faites-nous connaître votre volonté.
        - Seigneurs, vous êtes mes féaux.
628 Par Dieu, je suis très surpris
     Que mon neveu ait cherché mon déshonneur;
     Il m´a servi de bien étrange façon.
     Conseillez-moi, je vous prie;
632 Vous devez me donner de bons conseils,
     Car je ne veux pas perdre vos services.
     Vous le savez bien, je ne suis pas fier.
     - Sire, mandez donc le nain magicien :
636 Il est versé en mainte science;
     Qu´on prenne conseil auprès de lui.
     Mandez le nain, et qu´il en soit ainsi."
        Il accourt bien vite;

640 *Maudit soit-il comme un bossu peut l'être.*
Un des barons va lui donner l'accolade
Et le roi lui expose son propos.

Ah ! écoutez quelles propositions
644 *Traîtresses et rusées*
Le nain Frocin fait au roi !
Maudits soient tous ces devins !
Que Dieu maudisse celui qui conçut jamais
648 *Une infamie comme celle du nain !*
"Dites à votre neveu qu'il lui faut se rendre
Demain matin chez le roi Arthur
A Carlisle, qui est entouré d'une muraille;
Qu'il porte à Arthur au grand galop
652 Un message sur parchemin,
Bien scellé et fermé de cire.
Roi, Tristran dort devant votre lit;
656 Tout à l'heure, cette nuit,
Je sais, pour Dieu, qu'il voudra lui parler [à Iseut],
Parce qu'il devra se rendre là-bas.
Roi, quittez la chambre au début de la nuit;
660 Je le jure par Dieu et par la foi romaine :
Si Tristran l'aime de fol amour,
Il viendra lui parler.
Et s'il y va sans que je ne le sache
664 Ou que vous ne le voyiez, vous pouvez me tuer;
Sinon, ils seront reconnus coupables, sans serment,
Et tous ses hommes de même.
Roi, laissez-moi maintenant faire le nécessaire
668 Et y pourvoir à ma guise;
Cachez-lui sa mission
Jusqu'à l'heure du coucher."
Le roi répond : "Ami, il en sera fait ainsi."
672 *Ils se quittent et s'en vont.*
Le nain qui est plein d'astuce,
Conçoit la félonie la plus infâme :
Il entre chez un boulanger

676 *Et lui prend pour quatre deniers de fleur de farine*
Qu´il attache à sa ceinture.
Qui aurait jamais imaginé une telle ruse ?
        Le soir, après le repas du roi,
680 *On se couche dans la salle;*
Tristran assiste au coucher du roi.
"Beau neveu", *fait celui-ci,* "je vous prie
D´exécuter mes ordres, je le veux.
Il vous faut vous rendre à cheval
684 Chez le roi Arthur, à Carlisle;
Faites-lui tenir cette lettre.
Neveu, saluez-le de ma part et
688 Ne restez qu´un jour auprès de lui."
Tristran l´entend parler du message
Et assure le roi qu´il ira le porter :
"Roi, je partirai de bon matin.
692 - Oui, avant la fin de la nuit."
Voilà Tristran en grand émoi.
Entre son lit et celui du roi
Il y a bien la longueur d´une lance.
696 *Il vient à Tristran une idée par trop téméraire :*
Il se promet en son coeur,
S´il le peut, de parler à la reine
Quand son oncle sera endormi.
700 *Dieu, quel malheur ! Il est par trop téméraire !*
        Cette nuit, le nain est dans la chambre.
Ecoutez comment il agit au cours de la nuit :
Il répand la farine entre les deux lits,
704 *De telle sorte que les traces de pas soient visibles*
Si l´un d´eux rejoint l´autre pendant la nuit;
La fleur de farine gardera l´empreinte de ses pas.
Tristran voit le nain s´affairer
708 *Et répandre la farine.*
Il se demande ce que cela peut signifier,
Car il (le nain) n´a pas coutume d´agir ainsi.
Puis il se dit : "Peut-être répand-il
712 De la farine à cet endroit afin de voir nos traces
Au cas où l´un de nous irait à l´autre.
Bien fou qui irait maintenant;

Il verra bien si j´y vais ! "
716 *La veille, dans la forêt, Tristran*
A été blessé à la jambe
Par un grand sanglier; il souffre beaucoup.
La plaie a beaucoup saigné
720 *Et pour son malheur, elle n´est pas bandée.*
Tristran ne dort pas, semble-t-il.
Le roi se lève à minuit
Et sort de la chambre;
724 *Le nain bossu l´accompagne.*
Il n´y a pas de lumière dans la chambre,
Ni cierge allumé, ni lampe.
Tristran se met debout.
728 *Dieu ! pourquoi fait-il cela ? Mais écoutez !*
Il joint les pieds, évalue la distance, saute
Et retombe sur le lit du roi.
Sa plaie s´ouvre et saigne abondamment.
732 *Le sang qui fuit, rougit les draps.*
La plaie saigne, mais il ne le sent pas,
Car il est tout à son plaisir.
Le sang s´accumule en plusieurs endroits.
736 *Le nain est dehors; dans le clair de lune*
Il voit bien que les amants sont enlacés.
Il en frémit de joie et dit au roi :
"Si vous ne pouvez les surprendre
740 Ensemble, vous pouvez me faire pendre ! "
Les trois félons
Par qui ce complot a été
Ourdi en secret, sont également présents.
744 *Le roi revient. Tristran l´entend et*
Se lève tout effrayé.
A l´instant, il regagne son lit d´un bond.
Au passage,
748 *Le sang coule - hélas ! -*
De la plaie sur la farine.
Ah Dieu ! quel dommage que la reine
N´ait pas enlevé les draps du lit !
752 *Aucun d´eux cette nuit-là n´aurait été reconnu coupable;*
Si elle s´en était avisée,

Elle aurait aisément pu défendre son honneur.
Dieu accomplit un grand miracle
756 *En les protégeant comme il lui plut.*
Le roi revient dans la chambre
Et le nain, qui tient la chandelle,
L'accompagne. Tristran fait
760 *Semblant de dormir*
En ronflant bruyamment du nez.
Il est resté seul dans la chambre,
A l'exception de Perinis qui dort à ses pieds
764 *Sans bouger,*
Et de la reine, qui est couchée dans son lit.
Sur la fleur de farine apparaît le sang, encore frais.
Le roi aperçoit le sang sur le lit;
768 *Les draps blancs en sont tout vermeils,*
Et sur la farine, on distingue la trace
Du saut. Le roi menace Tristran.
Les trois barons sont dans la chambre;
772 *Avec fureur, ils se saisissent de Tristran dans son lit.*
Ils le haïssent pour sa prouesse
Et la reine aussi.
Ils la couvrent d'insultes et la menacent.
776 *Ils ne manqueront pas de leur faire justice :*
Ils découvrent la jambe qui saigne.
"Ce signe n'est que trop clair;
Vous êtes reconnus coupables," *fait le roi.*
780 "Votre défense n'aura aucune valeur.
Certes, Tristan, soyez sûr que
Demain vous serez mis à mort.
- Grâce, sire ! " *lui crie celui-ci*,
784 "Pour Dieu qui souffrit la passion,
Sire, ayez pitié de nous! "
Les félons interviennent : "Sire, vengez-vous !
- Cher oncle, peu m'importe mon propre sort;
788 Je le sais bien, ma fin est proche.
N'était la crainte de vous courroucer,
Je ferais payer chèrement cette affaire;
Jamais, par leurs yeux, il ne leur serait venu à l'esprit
792 De mettre la main sur moi.

Mais envers vous je n'éprouve aucun ressentiment.
Maintenant, pour le meilleur ou pour le pire,
Vous ferez de moi ce qu'il vous plaira,
796   Et je suis prêt à subir votre volonté.
Mais, sirc, pour Dieu, pitié
Pour la reine ! " - *Tristran s'incline* -
"Car il n'y a personne dans votre entourage qui,
800   M'ayant accusé bassement
D'avoir pour la reine
Un sentiment coupable,
Ne me retrouve armé en champ clos.
804   Sire, grâce pour elle, au nom de Dieu ! "

Les trois qui se trouvent dans la chambre
Ont pris Tristran et l'ont lié,
Et ils ont lié la reine aussi;
808   *Une grand haine en est résultée.*
Certes, si Tristran avait su
Qu'il n'aurait pas le loisir de se défendre,
Il se serait fait plutôt démembrer vif
812   *Que de souffrir qu'on les lie, elle et lui.*
Mais il a une telle foi en Dieu;
Il sait et est convaincu que,
S'il obtient de se défendre,
816   *Nul n'osera prendre les armes contre lui.*
Il compte bien se défendre en champ clos :
C'est pourquoi il ne veut pas se discréditer
820   *Auprès du roi par un acte inconsidéré.*
Car s'il avait su ce qu'il en était
Et ce qui allait leur arriver,
Il les aurait tués tous les trois;
824   *Le roi lui-même n'eût pu les protéger.*
Ah Dieu ! que ne les a-t-il pas tués ?
Les choses auraient pris une autre tournure.

Le bruit se répand dans la ville
828   *Qu'on a surpris ensemble*
Tristran et la reine Iseut,

Et que le roi veut les mettre à mort.
Petits et grands pleurent et
832 *L'un répète à l'autre :*
"Hélas, nous avons bien des raisons de pleurer !
Ah Tristran, vous êtes si preux !
Quel malheur que ces canailles
836 Vous aient surpris par traîtrise !
Ah reine noble et honorée,
En quel pays verra-t-on jamais naître
Une fille de roi qui vous vaille ?
840 Ah nain, voilà l'oeuvre de tes devinailles !
Puisse-t-il ne jamais contempler la face de Dieu,
Celui qui rencontre le nain
Sans le transpercer de son épée !
844 Ah, Tristran, quelle ne sera pas la peine
Eprouvée pour vous, beau cher ami,
Quand vous serez mis en péril !
Hélas, quel deuil à votre mort !
848 Quand jadis le Morholt débarqua ici,
Lui qui venait pour nos enfants,
Il réduisit si vite nos barons au silence
Que nul ne fut jamais assez hardi
852 Pour oser prendre les armes contre lui.
C'est vous qui avez livré combat
Pour nous tous, gens de Cornouailles,
Et qui avez tué le Morholt.
856 Il vous blessa, sire, d'un coup de javelot
Qui a failli vous être fatal.
Nous ne devrions jamais permettre
Que vous soyez mis à mort."
860 *Le bruit et la rumeur circulent*
Et tous d'accourir au palais.
Le roi est furieux et entêté :
Il n'est pas de baron assez puissant ni assez courageux
864 *Pour oser adresser un mot au roi*
Afin qu'il pardonne cette faute.
    Le jour se lève, la nuit s'en va.
Le roi ordonne de chercher des épines
868 *Et de creuser une fosse dans le sol.*

Le roi, une serpette à la main,
Fait chercher des sarments
Et les fait entasser avec des épines
872 *Noires et blanches et leurs racines.*
C´est déjà l´heure de prime.
Par tout le royaume on crie un ban
Ordonnant que tous se rendent à la cour;
876 *Chacun accourt aussi vite que possible.*
Les Cornouaillais s´assemblent
A grand bruit et à grand tumulte :
Personne qui ne se lamente,
880 *Hormis le nain de Tintagel.*
Le roi leur parle et leur annonce
Qu´il veut faire brûler sur un bûcher
Son neveu et sa femme.
884 *Tous les gens du royaume s´écrient :*
"Roi, vous commettriez une horrible faute,
S´ils ne passaient d´abord en jugement;
Vous les exécuterez ensuite; sire, grâce ! "
888 *Le roi répond d´un ton furieux :*
"Par le Seigneur qui créa le monde
Et tout ce qu´il contient,
Quand je devrais perdre mon héritage,
892 Je ne renoncerais pas à le faire brûler sur le bûcher,
Dût-on m´en demander raison un jour.
Laissez-moi en paix ! "
Il ordonne d´allumer le feu
896 *Et d´amener son neveu, car*
Il veut le brûler le premier.
On va le chercher; le roi l´attend.
        On l´amène en le traînant par les mains.
900 *Dieu ! quel vil comportement !*
Il pleure à chaudes larmes, mais en vain;
On le traîne dehors à sa honte.
Iseut pleure, presque folle de rage.
904 "Tristran", *fait-elle*, "quel malheur
Que vous soyez attaché si honteusement !
Si l´on me tuait et que vous en réchappiez,
Ce serait une grande joie, bel ami :
908 Il y aurait tout de même une vengeance."

Apprenez, seigneurs, combien grande
Est la pitié de Dieu;
Il ne veut pas la mort du pécheur :
912 *Il a entendu les appels et les pleurs*
Des pauvres gens
Pour ceux qui sont en détresse.
Le long du chemin qu'ils suivent,
916 *Se trouve une chapelle sur une hauteur,*
Au bord d'une falaise;
Elle surplombe la mer et fait face au vent du nord.
La partie que l'on appelle le choeur
920 *Est bâtie sur une élévation,*
Au ras de la falaise.
Cette falaise est faite d'ardoise lisse.
Si un écureuil sautait de là,
924 *Il se tuerait certainement, il n'en réchapperait pas.*
Dans l'abside se trouve un vitrail
De couleur pourpre, qui est l'oeuvre d'un saint.
Tristran s'adresse à ses gardes :
928 "Seigneurs, voici une chapelle :
Pour Dieu, laissez-moi donc y entrer.
Ma fin est proche :
Je prierai Dieu d'avoir pitié
932 De moi, qui l'ai tant offensé.
Seigneurs, il n'y a qu'une entrée,
Et je vois chacun de vous porter une épée;
Vous savez bien que je ne puis sortir et
936 Qu'il me faudra repasser devant vous;
Et quand j'aurai prié Dieu,
Je vous reviendrai."
Alors, l'un d'entre eux dit à un autre :
940 "Nous pouvons bien le laisser aller".
Ils lui ôtent ses liens et il entre.
Tristran ne perd pas de temps :
Il gagne la verrière derrière l'autel,
944 *La tire à lui de la main droite et*
S'élance au-dehors par l'ouverture.
Il préfère sauter que

> D´être brûlé devant une telle assemblée.

948 Seigneurs, une pierre grande et large
> Fait saillie à mi-hauteur de ce rocher;
> Tristran y saute agilement.
> Le vent s´engouffre dans ses vêtements
952 Et l´empêche de s´écraser comme une masse.
> (Les Cornouaillais appellent encore
> Cette pierre le Saut Tristran).
> La chapelle est pleine de monde.
956 Tristran bondit; le sable est mou.
> Dans l´église tout le monde est agenouillé;
> Les autres l´attendent devant l´église,
> Mais en vain : Tristran s´enfuit.
960 Dieu lui a fait une grande faveur !
> Il s´enfuit à grandes enjambées le long du rivage :
> Il entend nettement crépiter le bûcher
> Et n´a nulle envie de retourner;
964 Il s´encourt aussi vite qu´il peut.
> Mais écoutez ce que fait Governal.
> Ayant ceint son épée, il a quitté
> La ville à cheval.
968 Il sait bien que, s´il était rattrapé,
> Le roi le brûlerait à cause de son seigneur;
> Il prend la fuite, poussé par la crainte.
> Le maître aime beaucoup Tristran;
972 Aussi ne veut-il pas abandonner son épée,
> Mais va la prendre où elle se trouve
> Et l´emporte avec la sienne.
> Tristran aperçoit son maître,
976 Le reconnaît et l´appelle;
> Tout joyeux, celui-ci le rejoint.
> A sa vue, il manifeste sa joie.
> "Maître, Dieu vient de me faire une grande grâce;
980 Je me suis échappé et me voici.
> Hélas, pauvre de moi ! que m´importe mon sort !
> Si je n´ai pas Iseut, à quoi me sert,
> Malheureux que je suis, le saut que je viens de faire ?
984 Comment se fait-il que je ne me sois pas tué ?
> J´aurai peut-être des raisons de le regretter !

Me voici sauvé et vous, Iseut, on vous brûle !
Vraiment, je me suis échappé en vain.
988 On la brûle pour moi; je mourrai pour elle."
Governal lui dit : "Pour Dieu, beau sire,
Courage, ne vous désolez pas.
Voici un buisson touffu
992 Entouré d´un fossé.
Sire, mettons-nous là-dedans;
Beaucoup de gens passent par ici
Et vous aurez bien des nouvelles d´Iseut.
996 Si on la brûle, vous ne monterez
En selle, si ce n´est pour
La venger sans délai !
Vous serez bien aidé.
1000 Par Jésus, le fils de Marie,
Je ne coucherai plus sous un toit
Jusqu´à ce que les trois larrons félons
Qui ont causé la perte d´Iseut, ton amie,
1004 Aient trouvé la mort.
Si vous étiez tué, beau sire,
Avant que vengeance n´ait été prise,
Je ne connaîtrais plus jamais le bonheur."
1008 *Tristran répond :* "Ceci va vous contrarier beaucoup,
Beau maître, je n´ai point d´épée.
- Si fait, je l´ai apportée.
- Alors, maître," *dit Tristran,* "tout va bien;
1012 Maintenant je ne crains plus rien, fors Dieu.
- J´ai encore sous ma tunique
Une chose qui vous sera utile :
Un haubergeon solide mais léger
1016 Qui pourra vous rendre service.
- Dieu," *dit Tristran,* "donnez-le moi.
Par le Dieu en qui je crois,
1020 Si j´arrive à temps au bûcher,
Avant qu´on n´y jette mon amie,
Je préfère me faire mettre en pièces
Que de ne pas tuer ceux qui la tiennent.
- Pas de précipitation," *lui dit Governal,*
1024 "Dieu peut vous donner un meilleur moyen

De vous venger;
Vous n´aurez pas alors les difficultés
Que vous pourriez rencontrer maintenant.

1028 Je ne vois rien que vous puissiez faire maintenant,
Car le roi est courroucé contre vous.
Tous les bourgeois et
Tous les habitants de la ville lui sont soumis;

1032 Il leur a juré par leurs yeux
Que celui qui aura le premier l´occasion de vous prendre
Et ne le fait pas, sera pendu.
Chacun s´aime mieux qu´il ne vous aime;

1036 Si l´on criait sur vous le haro,
Tel qui voudrait bien vous laisser échapper
N´oserait même pas y songer.”

Tristran pleure et se désole;

1040 *Jamais, malgré tous ceux de Tintagel,*
Dût-on le mettre en pièces
Au point que pas un morceau ne tînt encore à l´autre,
Il n´aurait renoncé à y aller,

1044 *Si son maître ne s´y était opposé.*
       Un messager accourt dans la chambre
Et dit à Iseut de ne pas pleurer,
Car son ami s´est échappé.

1048 “Dieu en soit loué ! ”, *fait-elle.*
“Peu m´importe désormais qu´ils me tuent,
Qu´ils me lient ou me délivrent.”

1052 *Sur le conseil des trois,*
Le roi lui a fait lier
Les poignets si étroitement
Que le sang lui coule le long des doigts.
“Par Dieu ! ” *fait-elle,* “si je me plaignais

1056 Alors que les félons courtisans
Qui devaient garder mon ami,
L´ont laissé s´échapper - Dieu merci ! -
On ne devrait jamais plus m´estimer.

1060 Je suis certaine que le nain médisant
Et les félons envieux
Qui ont voulu ma mort,
Auront un jour ce qu´ils méritent;

1064	Que cela puisse entraîner leur perte ! "
	Seigneurs, la nouvelle parvient au roi
	Que son neveu, qu´il voulait faire brûler,
	S´est échappé par la chapelle.
1068	*Il devient livide de colère*
	Et ne se possède plus de dépit.
	Furieux, il ordonne d´amener Iseut.
	Iseut sort de la salle.
1072	*Dans la rue, la clameur augmente;*
	En voyant la reine attachée,
	- Oh, l´affreux spectacle ! - ils sont consternés.
	Il faut les entendre exprimer leur pitié pour elle
1076	*Et implorer la miséricorde de Dieu !*
	"Ah, reine noble et honorée,
	Dans quelle douleur ont plongé le pays
	Ceux qui ont suscité cet esclandre !
1080	Certes, elle ne sera pas grande
	La bourse qui pourra contenir leur gain.
	Puissent-ils être frappés d´un grand mal ! "
	La reine est amenée
1084	*Jusqu´au bûcher d´épines brûlantes.*
	Dinas, le seigneur de Dinan,
	Qui aimait profondément Tristran,
	Se jette aux pieds du roi.
1088	"Sire, " *fait-il,* "écoutez-moi.
	Je vous ai servi longtemps,
	Honnêtement et en toute loyauté;
	Vous ne trouverez personne dans tout ce royaume,
1092	Pauvre orphelin ou vieille femme,
	Qui pour votre sénéchaussée,
	Que j´ai occupée toute ma vie,
	Me donnerait une seule maille beauvaisine.
1096	Sire, pitié pour la reine !
	Vous voulez la faire brûler
	Sans la juger; ce n´est pas honnête,
	Puisqu´elle ne reconnaît pas sa faute.
1100	Si vous la brûlez, il y aura grande désolation.
	Sire, Tristran s´est échappé;
	Il connaît fort bien les plaines, les bois,

Les passages et les gués; et il est redoutable.

1104 Vous êtes son oncle et il est votre neveu :
Il ne s´attaquerait pas à vous;
Mais ne s´en prendrait-il pas à vos barons,
S´il les tenait en son pouvoir ?

1108 Votre terre en serait encore dévastée.
Sire, certes, je ne cherche pas à le nier :
Quiconque tuerait ou brûlerait
Ne fût-ce qu´un de mes écuyers,

1112 Devrait, s´il était roi de sept pays,
Les metttre tous dans la balance,
Avant que je n´eusse obtenu vengeance.
Ne pensez-vous pas alors qu´il lui sera insupportable
De voir mettre à mort une si noble dame,

1116 Qu´il a amenée d´un royaume lointain ?
Il en résultera encore une grande discorde.
Roi, confiez-la moi, pour me récompenser

1120 De vous avoir servi ma vie durant.''

Les trois responsables de cette situation,
Sont devenus sourds et muets :
Ils savent que Tristran est en route

1124 *Et ont grand peur qu´il ne les guette.*
Le roi a pris Dinas par la main et,
Plein de colère, a juré par Saint Thomas
Qu´il ne renoncera pas à faire justice

1128 *Et à la livrer aux flammes.*
Dinas, en l´entendant, est désolé;
Cela le peine : jamais, de son accord,
La reine ne sera mise à mort.

1132 *Il se lève, la tête baissée :*
"Roi, je m´en retourne à Dinan.
Par le Seigneur qui créa Adam,
Je ne pourrais la voir brûler

1136 Pour tout l´or et tous les biens
Que possédèrent les plus riches
Qui vécurent depuis les jours glorieux de Rome.''
Puis, il enfourche son destrier et s´en retourne,

1140 *Le front courbé, triste et morne.*
Iseut est amenée au bûcher,

Entourée de gens
Qui tous crient, se lamentent et
1144 *Maudissent les mauvais conseillers du roi.*
Son visage ruisselle de larmes.
La dame porte un étroit bliaut
De brocart gris,
1148 *Que ferment de petits points en fil d'or.*
Ses cheveux lui tombent jusqu'aux pieds
Et sont tressés d'un fil d'or
(Qui pourrait regarder son corps et son visage
Sans éprouver de la pitié pour elle,
1152 *Aurait le coeur par trop endurci);*
Elle a les bras étroitement liés.

      Il y a à Lantyan un lépreux
1156 *Qui s'appelle Ivain;*
Il est horriblement mutilé.
Il est venu assister au jugement.
Il est entouré d'une centaine de compagnons
1160 *Avec leurs béquilles et leurs bâtons;*
Jamais on n'a vu tant de créatures si hideuses,
Si difformes et si mutilées.
Chacun d'eux tient sa crécelle et
1164 *Appelle le roi d'une voix sourde.*
"Sire, vous voulez faire justice
En brûlant votre femme.
C'est louable; mais pour autant que je sache,
1168 Ce châtiment sera bref.
Ce grand brasier l'aura bientôt brûlée
Et le vent aura vite dispersé la cendre;
Le feu mourra et, dans la braise,
1172 S'éteindra bientôt le châtiment.
Mais si vous voulez vous fier à moi,
Vous la châtierez de telle sorte
Qu'elle vive, mais dans le déshonneur,
1176 Et préfère être morte;
Et que nul n'en entende parler
Sans vous en respecter devantage.
Roi, voudriez vous qu'il en soit ainsi ? "
1180 *Le roi l'écoute et répond :*

"Si tu m´indiques un moyen sûr
Pour qu´elle vive, tout en étant déshonorée,
Je t´en saurai gré, sache-le bien,
1184 Et si tu veux, puise dans mes biens;
Jamais on n´a décrit un procédé
Si douloureux et si cruel
Sans que celui qui saurait immédiatement
1188 Choisir le pire, n´eût droit, pour Dieu le roi,
A mon amitié éternelle."
Ivain répond : "Je vous dirai
Brièvement ma pensée.
1192 Regardez, j´ai ici cent compagnons.
Livrez-nous Iseut, elle sera notre bien commun;
Jamais dame n´aura connu de pire fin.
Sire, nous brûlons d´une si grande ardeur,
1196 Qu´il n´y a pas de dame au monde
Qui puisse souffrir notre commerce un seul jour.
Nos habits nous collent à la peau;
Avec vous, elle était accoutumée aux égards,
1200 Au vair et au gris et à la gaieté.
Elle avait appris à aimer les bons vins
Et les hautes salles de marbre bis.
Si vous nous la donnez, à nous, lépreux,
1204 Quand elle apercevra nos huttes au toit bas,
Quand elle verra notre vaisselle
Et qu´il lui faudra partager notre couche,
Quand elle aura, sire, au lieu de vos mets choisis,
1208 Sa part des déchets et des morceaux
Que l´on nous envoie aux portes -
Par le Seigneur qui règne là-haut,
Quand elle verra notre cour à nous,
1212 Vous la verrez tellement désespérée
Qu´elle préférera être morte que vive.
Alors, Iseut, la vipère, saura
Qu´elle a mal agi;
1216 Elle souhaitera avoir été brûlée sur le bûcher."
Le roi l´entend; il demeure debout,
Quelque temps immobile;
Il a bien compris ce qu´a dit Ivain.

1220   *Il s´avance vers Iseut et lui saisit la main.*
       Elle s´écrie : "Sire, par pitié,
       Brûlez-moi ici, plutôt que de me livrer à lui ! "
       Le roi la lui livre, et il la prend.
1224   *Ils sont bien cent lépreux*
       A se presser autour d´elle.
       Si vous aviez entendu les clameurs et les cris !
       La pitié s´empare de tous.
1228   *S´en afflige qui veut, Ivain se réjouit.*
       Iseut s´en va; Ivain l´emmène tout droit
       Sur la pente du rivage.
       La foule des autres lépreux -
1232   *Pas un qui n´ait sa béquille -*
       Se dirige en droite ligne vers l´endroit où
       Tristran s´est embusqué pour les attendre.
       Governal lui crie d´une voix forte :
1236   "Fils, que vas-tu faire ? Voici ton amie.
       - Dieu, " *dit Tristran,* "quel heureux hasard !
       Ah, Iseut, ma belle,
       Comme vous alliez périr pour moi,
1240   Ainsi je devais, moi, mourir pour vous !
       Ceux qui vous tiennent dans leurs mains
       Peuvent être bien assurés que,
       S´ils ne vous relâchent pas immédiatement,
1244   Je ferai souffrir certains d´entre eux."
       Il éperonne le destrier, bondit du buisson
       Et s´écrie de toutes ses forces :
       "Ivain, tu l´as menée assez loin.
1248   Lâche-la tout de suite, si tu ne veux pas
       Que je te fasse voler la tête de cette épée."
       Ivain s´apprête à ôter son manteau
       En s´écriant d´une voix forte : "A vos béquilles !
1252   On verra bien à présent qui est des nôtres ! "
       Quel spectacle que ces lépreux essoufflés,
       Jetant leurs capes et leurs manteaux !
       Chacun brandit sa béquille vers lui;
1256   *Les uns le menacent, les autres le huent.*
       Tristran n´ose les toucher d´aucune façon,
       Ni les assommer, ni les malmener.

Governal arrive, attiré par les cris.
1260 Il a dans la main une branche de chêne vert.
Il en frappe Ivain qui tient Iseut;
Le sang jaillit et coule jusque sur ses pieds.
Tristran est bien aidé par son maître,
1264 Qui saisit Iseut par la main droite.
Les conteurs disent qu'ils ont tué
Ivain; ce sont des vilains.
Ils ne connaissent pas bien l'histoire.
1268 Béroul en a meilleure souvenance :
Tristran était bien trop preux et trop courtois
Pour tuer cette sorte de gens.

LA VIE DANS LA FORET

Tristran s'éloigne avec la reine.

1272 *Ils quittent la plaine et Tristran*
S'enfonce dans la forêt, accompagné de Governal.
Iseut est heureuse, elle ne souffre pas à présent :
Ils sont dans la forêt du Morrois.

1276 *Ils passent la nuit sur une colline.*
A présent, Tristran se sent en sûreté
Comme dans un château entouré de murailles.
Tristran est un excellent archer :

1280 *Il sait très bien se servir de l'arc.*
Governal en a pris un
A un forestier : celui qu'il a maintenant;
Il lui a aussi apporté deux flèches

1284 *Empennées et barbelées.*
Tristran prend l'arc et s'en va par le bois.
Il voit un chevreuil, encoche, tire
Et le frappe avec force au flanc droit.

1288 *La bête crie, bondit et retombe.*
Tristran la prend et revient avec elle.
Il construit sa loge; avec l'épée qu'il tient en main,
Il coupe des branches et bâtit la feuillée;

1292 *Iseut la jonche d'une épaisse couche de feuilles.*
Tristran s'assied près de la reine.
Governal se connaît en cuisine;
Il allume un bon feu de bois sec.

1296 *Ils ont bien de quoi jouer au cuisinier !*
Ils n'ont alors en leur logis
Ni pain ni sel.

1300 *La peur qu'elle a éprouvée*
A épuisé la reine;
Le sommeil la prend, elle veut dormir;
Elle veut s'endormir contre son ami.
Seigneurs, ils vivent ainsi longtemps

1304   *Dans les profondeurs de la forêt;*
           Ils séjournent longtemps en ce monde sauvage.

               Ecoutez maintenant ce que le nain a fait au roi.
           Le nain détenait du roi un secret
1308   *Qu´il était seul à connaître. Imprudemment,*
           Il le révéla, agissant ainsi stupidement
           Car, plus tard, le roi eut sa tête.
           Un jour que le nain est ivre,
1312   *Les barons lui demandent*
           Ce que signifie le fait que lui et le roi
           Se parlent si souvent et s´entretiennent en secret.
1316   "Il m´a toujours trouvé loyal
           En ce qui concerne un de ses secrets.
           Je vois bien que vous voulez le connaître,
           Mais je ne veux pas manquer à ma parole.
           Je vous mènerai tous les trois
1320   Devant le Gué Aventureux.
           Il y a là une aubépine et,
           Sous ses racines, se trouve une fosse :
           Je pourrai y mettre la tête
1324   Et vous m´entendrez de l´extérieur.
           Ce que je dirai concernera le secret
           Que je partage avec le roi seul."
           Les barons se rendent près de l´épine,
1328   *Précédés du nain Frocin.*
           Le nain est petit mais il une grosse tête;
           Il a creusé la fosse de lui-même.
           Ils l´y enfoncent jusqu´au cou.
1332   "Ecoutez, seigneurs marquis !
           Epine, c´est à vous que je le dis et non à quelque gentilhomme :
           Marc a des oreilles de cheval."
           Ils ont bien entendu le nain.
1336   *Voilà qu´un jour, après le repas,*
           Le roi Marc s´entretient avec ses barons,
           Tenant à la main un arc d´aubour.
           Sur ce, voici venir les trois

1340   *A qui le nain a révélé le secret.*
Discrètement, ils disent au roi :
"Roi, nous connaissons votre secret."
Le roi en rit et dit : "L´ infortune
1344   D´avoir des oreilles de cheval,
C´est à ce devin que je la dois;
A présent, ce sera sa perte."
Il tire son épée et lui tranche la tête,
1348   *Cela fit plaisir à beaucoup de gens*
Parce qu´ ils haïssaient le nain Frocin
Pour ce qu´ il avait fait à Tristran et à la reine.

             Seigneurs, vous avez bien entendu
1352   *Comment Tristran a sauté*
Du haut du rocher
Et comment Governal s´est enfui
Sur son destrier, de crainte
1356   *D´être brûlé, si Marc le capturait.*
A présent, ils sont ensemble dans la forêt,
Où Tristran les nourrit de gibier.
Ils vivent longtemps dans ces bois.
1360   *Ayant passé la nuit à un endroit,*
Ils le quittent au matin.
Un jour, ils arrivent par hasard
A l´ermitage de frère Ogrin.
1364   *Ils menaient une vie âpre et dure,*
Mais ils s´aimaient d´un si bel amour que,
Grâce à l´autre, aucun des deux ne sentait sa souffrance.
L´ermite reconnaît Tristran.
1368   *Il est appuyé sur son bâton;*
Voici comment il lui parle :
"Sire Tristran, un engagement solennel
A été pris par toute la Cornouailles :
1372   Qui vous livrera au roi, recevra
Sans faute cent marcs pour son salaire.
Il n´est pas de baron dans le pays
Qui ne se soit solennellement engagé envers   le roi

1376   A vous livrer mort ou vif."
Ogrin ajoute avec bonté :
"Assurément, Tristan, à qui se repent,
Dieu pardonne ses péchés
1380   Grâce à la foi et à la confession."
Tristran lui répond : "Sire, en vérité,
La raison de son amour sincère pour moi,
Vous ne la comprenez pas :
1384   Si elle m´aime, la potion en est la cause.
Je ne veux pas vous le cacher, je ne puis
Me séparer d´elle, ni elle de moi."
Ogrin lui réplique : "Quel réconfort
1388   Peut-on apporter à un homme mort ?
Car il est bien mort, celui qui vit
Longtemps dans le péché sans se repentir;
Et nul ne peut absoudre
1392   Le pécheur qui ne se repent pas."
L´ermite Ogrin leur fait un long sermon
Et les exhorte à se repentir;
A de nombreuses reprises, l´ermite leur cite
1396   *Les prophéties de l´Ecriture;*
Avec insistance, l´ermite
Leur rappelle leur isolement.
Il dit à Tristran d´un ton ému :
1400   "Que ferez-vous ? Réfléchissez !
- Sire, j´aime Iseut éperdument,
Au point que je n´en dors ni ne sommeille.
Ma décision est toute prise :
1404   J´aime mieux vivre avec elle, en mendiant,
Et me nourrir d´herbe et de glands
Que de posséder le royaume du roi Otrant.
Je ne veux pas qu´il soit question
1408   De la quitter, car vraiment, j´en suis incapable."
Iseut pleure aux pieds de l´ermite;
Bien souvent son visage change de couleur, et
A plusieurs reprises, elle implore sa pitié :
1412   "Sire, au nom de Dieu tout-puissant,
Il ne m´aime, et je ne l´aime,
Qu´à cause d´un vin dont je bus,

Et dont il but; ce fut l'erreur.
1416 C'est pour cela que le roi nous a chassés."
Aussitôt, l'ermite lui répond :
"Allons, que Dieu, qui créa la terre,
Vous accorde un repentir sincère ! "
1420 *Cette nuit-là, sachez-le,*
Ils la passent chez l'ermite;
En leur faveur, il enfreint sa règle de vie.
Au petit jour, Tristran prend congé.
1424 *Il ne quitte pas les bois et évite les espaces découverts.*
Le pain leur manque, c'est fort pénible;
Mais il tue dans la forêt beaucoup
De cerfs, de biches et de chevreuils.
1428 *Là où ils s'installent,*
Ils cuisinent et font un bon feu.
Ils ne demeurent qu'une nuit au même endroit.

Seigneurs, sachez que contre Tristran
1432 *Le roi a fait crier le ban -*
Il n'y a pas de paroisse en Cornouailles
Où la nouvelle ne cause la consternation :
Quiconque découvrira Tristran,
1436 *Devra faire entendre le haro.*

Qui veut entendre une histoire
Sur les bienfaits du dressage,
M'écoute un instant.
1440 *Je vous parlerai d'un braque, un chien de chasse*
Comme ni comte ni roi n'en ont jamais possédé.
Il était agile et toujours alerte,
Il était beau, vif et rapide.
1444 *Il s'appelait Husdent.*
Il était attaché à un billot;
Le chien guettait du donjon,
Car il était fort inquiet

1448   *De ne plus voir son maître.*
          Il ne voulait manger ni pain ni pâtée,
          Rien de ce qu'on lui donnait.
          Il geignait et trépignait,

1452   *Les yeux larmoyants. Dieu, comme ce chien*
          Inspirait la pitié à maintes gens !
          Chacun disait : "S'il était à moi,
          Je le détacherais du billot,

1456   Car ce serait dommage qu'il devienne enragé.
          Ah ! Husdent, jamais plus on ne trouvera
          Un braque qui soit si vif
          Et qui regrette son maître à ce point;

1460   Jamais animal ne fut plus affectueux.
          Salomon dit fort justement
          Que son chien était son ami.
          Ton exemple nous le prouve :

1464   Tu ne veux rien manger
          Depuis que ton maître a été arrêté.
          Roi, qu'on le détache du billot ! "
          Le roi se disait en lui-même,

1468   *Croyant qu'il enrageait à cause de son maître :*
          "Certes, ce chien fait preuve de bon sens :
          Je ne crois pas qu'à notre époque,
          On puisse jamais trouver par toute la Cornouailles

1472   Un chevalier qui vaille Tristran".
               Les trois barons de Cornouailles
          Entreprennent le roi à ce sujet :
          "Sire, faites donc détacher Husdent !

1476   Ainsi nous verrons bien
          S'il souffre ainsi
          Par regret de son maître,

1480   Car s'il a vraiment la rage,
          Il ne sera pas sitôt détaché
          Qu'il mordra quelqu'un d'autre, homme ou bête,
          Et qu'il aura la langue pendante."
          Le roi appelle un écuyer

1484   *Pour faire détacher Husdent,*
          Et tous de se percher sur les bancs et les escabeaux,
          Car au premier abord le chien leur fait peur.

Tous de dire : "Husdent est enragé".
1488 Ce n'était pas ce qu'il ressentait.
Sitôt détaché,
Il court vivement entre les rangs
Sans s'attarder davantage.
1492 Il quitte la salle, franchit la porte,
Et court au logis où il a coutume
De rejoindre Tristran; le roi
Et tous les autres le voient faire et le suivent.
1496 Le chien aboie et grogne plusieurs fois,
Il manifeste un grand chagrin.
Il découvre enfin la trace de son maître;
Il n'est pas un pas que fit Tristran,
1500 Quand il fut arrêté pour être brûlé,
Que le braque ne refasse après lui.
Tous l'incitent à continuer.
Et Husdent d'entrer dans la chambre
1504 Où Tristran a été trahi et pris, et de repartir
En bondissant et en jappant haut et clair;
En aboyant, il se dirige vers la chapelle
Et la foule suit le chien.
1508 Depuis qu'il a été détaché,
Il ne s'est pas arrêté un instant avant d'arriver
A la chapelle située en haut du rocher.
Husdent le hardi, courant vivement,
1512 Entre dans la chapelle par la porte, bondit
Sur l'autel et, ne voyant pas son maître,
Ressort par la fenêtre.
Il tombe au pied du rocher
1516 Et se blesse à la patte;
Il flaire le sol et aboie.
A l'orée fleurie du bois
Où Tristran s'était embusqué,
1520 Husdent s'arrête un moment,
Puis repart et s'enfonce dans le bois.
Nul ne le voit sans en avoir pitié.
Les chevaliers disent au roi :
1524 "Renonçons à poursuivre ce chien :
Il pourrait nous entraîner dans un endroit

D'où il serait malaisé de revenir."
Ils laissent le chien et s'en retournent.
1528   *Husdent rejoint un chemin,*
         Il est tout heureux de cette piste :
         La forêt retentit des aboiements du chien.
         Tristran se trouve au fond du bois
1532   *Avec la reine et Governal.*
         Ils entendent le bruit et Tristran tend l'oreille :
         "Par ma foi", *fait-il,* "j'entends Husdent."
         Ils prennent peur et s'affolent.
1536   *Tristran se dresse d'un bond et tend son arc.*
         Ils se retirent au fond d'un fourré :
         Ils craignent le roi et sont en grand émoi,
         Se disant qu'il accompagne le chien.
1540   *Le braque, qui a suivi la piste,*
         Ne tarde guère.
         Quand il voit son maître et le reconnaît,
         Il agite la tête et la queue.
1544   *Qui l'a vu alors mouiller de joie, peut bien dire*
         Qu'il n'a jamais contemplé un tel bonheur !
         Il court vers Iseut la Blonde,
         Puis vers Governal;
1548   *Il leur fait fête à tous, même au cheval.*
              Tristran a grand-pitié du chien.
         "Dieu," *fait-il,* "par quelle malchance
         Ce chien nous a-t-il suivis ?
1552   Un chien qui ne sait se tenir coi dans les bois
         N'est d'aucune utilité à un homme banni.
         Nous sommes dans la forêt, haïs du roi.
         A travers bois et champs, par tout le pays,
1556   Dame, le roi Marc nous fait traquer;
         S'il réussit à nous trouver et à nous capturer,
         Il nous fera brûler ou pendre.
         Nous n'avons que faire d'un chien.
1560   Sachez-le bien,
         Si Husdent reste avec nous,
         Il nous sera une cause de frayeur et de souci.
         Mieux vaut le tuer
1564   Que d'être trahis par ses cris.

A cause de sa noble nature, je suis désolé
Qu´il soit venu trouver la mort ici.
C´est son noble caractère qui l´y a poussé.
1568 Mais le moyen de l´éviter ?
Certes, il m´en coûte beaucoup
De devoir lui donner la mort.
Aidez-moi à prendre une décision;
1572 Nous devons nous protéger."
Iseut lui répond : "Sire, pitié !
Si le chien aboie en chassant,
C´est autant par habitude que par nature.
1576 Un jour, j´ai entendu dire -
C´était après le couronnement d´Arthur -
Qu´un forestier gallois possédait
Un chien courant qu´il avait dressé ainsi :
1580 Quand un cerf avait été blessé
D´une flèche de son arc,
Quelle que fût la direction qu´il prît,
Le chien le poursuivait à grands bonds
1584 Et ne perdait pas la trace par des aboiements;
Et jamais il ne talonnait sa proie
En aboyant ou en faisant du bruit.
Ami Tristran, on pourrait se réjouir si
1588 L´on pouvait, en y mettant quelque peine,
Apprendre à Husdent à ne plus aboyer
En poursuivant et en chassant sa proie."
Tristran l´écoute sans bouger.
1592 *Il est pris de pitié; il réfléchit un instant,*
Puis il dit : "Si je peux, par mes efforts,
Amener Husdent à
Préférer le silence à ses cris,
1596 Je l´estimerai beaucoup.
Je m´y emploierai
Avant la fin de la semaine.
Si je tue le chien, cela me fera de la peine;
1600 Mais je redoute ses cris,
Car je pourrais me trouver avec vous
Ou Governal, mon maître, en un lieu où
Il nous ferait prendre en aboyant.

1604 Je vais m'employer et m'appliquer
A lui faire prendre sa proie sans aboyer."
Tristran s'en va chasser dans la forêt.
Il était adroit; il tire sur un daim :
1608 *Le sang coule, le braque aboie,*
Le daim blessé s'enfuit à grands bonds.
Le joyeux Husdent aboie haut et clair
Et la forêt rententit du cri du chien.
1612 *Tristran le frappe, lui donne un grand coup.*
Le chien s'arrête près de son maître,
Cesse d'aboyer et renonce à sa proie.
Il lève les yeux sur lui, ne sachant que faire;
1616 *Il n'ose aboyer et perd la trace.*
Tristran repousse le chien à ses pieds
Et dégage la piste avec son bâton.
Husdent veut de nouveau aboyer;
1620 *Tristran se met à l'instruire.*
Au bout d'un mois,
Le chien est si bien dressé
Que, sans un cri, il peut pister dans la lande.
1624 *Ni sur la neige, ni l'herbe ni la glace,*
Il n'abandonnera sa proie,
Si rapide et si agile soit-elle.
A présent, le chien leur est très utile;
1628 *C'est merveille comme il leur vient en aide.*
S'il prend un chevreuil ou un daim dans la forêt,
Il le cache bien en le couvrant de rameaux;
Et s'il l'attrape dans la lande,
1632 *Ce qui lui arrive souvent,*
Il le recouvre d'herbe,
Retourne auprès de son maître,
Et le conduit là où il a pris l'animal.
1636 *Les chiens rendent de grands services !*

Seigneurs, Tristran vécut longtemps dans la forêt
Et il y connut bien des peines et des fatigues.
Il n'ose rester au même endroit.

1640 Là où il se lève le matin, il ne passera pas la nuit :
     Il sait bien que le roi le fait rechercher
     Et qu´un ban a été proclamé par le royaume
     Que quiconque le trouverait le prenne.
1644 Dans la forêt, le pain leur manque beaucoup;
     Ils vivent de venaison et ne mangent rien d´autre.
     Qu´y peuvent-ils, si leur teint pâlit ?
     Leurs vêtements sont en lambeaux, déchirés par les branches.
1648 Longtemps ils fuient à travers le Morrois.
     Tous deux endurent les mêmes privations;
     Dès lors, grâce à l´autre, chacun oublie sa souffrance.
     La noble Iseut a grand peur
1652 Que Tristran n´ait des regrets à son sujet
     Et Tristran, pour sa part, appréhende
     Qu´étant brouillée à cause de lui,
     Iseut n´en vienne à regretter son égarement.

        Ecoutez ce que fit un jour
1656 L´un des trois - que Dieu les maudisse -
     Par qui ils furent trahis.
     C´était un homme puissant et de grand renom,
1660 Qui aimait se divertir avec les meutes.
     Les gens de Cornouailles
     Se défiaient du Morrois au point
     Qu´aucun n´osait y pénétrer.
1664 C´est avec raison qu´ils le redoutaient
     Car, si Tristran avait pu les prendre,
     Il les aurait pendu à un arbre;
     Ils faisaient donc bien de s´en écarter.
1668 Un jour, Governal se trouve seul
     Avec son destrier près d´un ruisseau
     Qui jaillit d´une petite source.
     Il a dessellé son cheval,
1672 Qui pait l´herbe fraîche.
     Tristran est couché dans sa feuillée
     Et tient étroitement embrassée
     La reine pour qui il endure
1676 Une telle peine, un tel tourment.

Tous les deux se sont endormis.
Governal s'est embusqué,
Et entend par hasard des chiens
1680 Qui chassent le cerf à toute allure.
C'est la meute de l'un des trois
Dont les conseils ont fâché
Le roi avec la reine.
1684 Les chiens chassent, le cerf court.
En suivant un chemin, Governal
Débouche dans une lande; loin derrière lui,
Il voit venir seul, sans écuyer,
Celui que, il le sait,
1688 Son maître hait le plus au monde.
Il éperonne son destrier
Avec une telle force qu'il s'élance, et
1692 De son bâton, il lui assène des coups dans la nuque.
Le cheval trébuche sur un caillou.
Governal s'accote à un arbre,
Il se cache et attend celui qui
1696 Arrive trop vite et s'en ira trop lentement.
        Nul ne peut faire tourner le destin :
Il n'avait pris garde à la rancune
Qu'il avait suscitée chez Tristran.
1700 Celui qui se tient sous l'arbre
Le voit venir et l'attend de pied ferme.
Il préfère, dit-il, que ses cendres soient dispersées
Au vent, plutôt que de ne pas se venger de lui;
1704 Car à cause de lui et de ce qu'il a fait,
Ils faillirent tous périr.
Les chiens poursuivent le cerf qui fuit
Et le vassal suit les chiens.
1708 Governal bondit de sa cachette,
Se souvenant de tout le mal que cet homme a fait;
De son épée, il le taille en pièces,
Prend la tête et l'emporte.
1712 Les veneurs, qui l'ont mis debout,
Poursuivent le cerf levé.
Ils découvrent le corps décapité
De leur seigneur, au pied de l'arbre.
1716 Ils s'enfuient à qui mieux mieux;

Ils ne doutent pas que ce soit l'oeuvre de Tristran,
Contre qui le roi a fait crier le ban.
    Toute la Cornouailles a su que l'un
1720 Des trois qui avait brouillé Tristran
Avec le roi, avait eu la tête tranchée.
Tous en sont saisis de peur et d'effroi
Et évitent désormais la forêt.
1724 Depuis lors, on n'y chasse guère plus souvent.
Chacun, dès le moment où il entre
Dans le bois, fût-ce pour chasser,
Craint que le preux Tristran ne le surprenne.
1728 Il est redouté dans la plaine et plus encore dans la lande.
    Tristran se repose dans la feuillée;
Il fait chaud et elle est couverte de feuilles.
Il est endormi et ne sait pas
Que celui qui a été près de le faire périr
1732 A perdu la vie;
Il sera content de l'apprendre.
Governal s'approche de la loge,
1736 Tenant la tête du mort en main;
Il l'attache par les cheveux
A la fourche de la feuillée.
Tristran s'éveille et voit la tête;
1740 Il sursaute, effrayé, et bondit sur ses pieds.
D'une voix forte, son maître lui crie :
"Ne bougez pas, rassurez-vous :
Je l'ai tué de cette épée.
1744 Sachez que c'était votre ennemi."
Tristran se réjouit en entendant ces mots :
Le voilà mort, l'homme qu'il redoutait le plus.
    Tout le monde tremble dans le pays;
1748 La forêt inspire tant de terreur
Que nul n'ose s'y aventurer.
Maintenant , le bois leur appartient.

    Pendant qu'ils se trouvent dans la forêt,
1752 Tristran invente l'arc Qui-ne-faut.

Il l'installe dans le bois de telle manière
Qu'il ne se trouve rien qu'il ne puisse tuer.
Si un cerf ou un daim, errant par le bois,
1756 Frôle les rameaux où
L'arc tendu est fixé,
Il est frappé en haut, s'il les heurte en haut;
1760 Il est aussitôt frappé en bas,
S'il ébranle l'arc par le bas.
Tristran, à juste titre,
Quand il eut fabriqué cet arc, lui donna ce nom :
Il est bien nommé l'arc qui ne rate
1764 Rien de ce qui le touche, par le bas ou par le haut.
Il leur rend dès lors de grands services
Et leur permet de manger maint beau cerf;
Il faut bien que le gibier
1768 Les aide à subsister dans le bois,
Car le pain leur fait défaut
Et ils n'osent sortir dans la plaine.
Il demeure longtemps dans cet exil
1772 Et fait merveille pour l'approvisionnement :
Ils ont du gibier en abondance.

Seigneurs, c'est par un jour d'été,
A l'époque de la moisson,
1776 Un peu après la Pentecôte.
Un matin, à l'aube,
Alors que les oiseaux chantent le lever du jour,
1780 Tristran, ayant ceint son épée, sort seul
De la hutte où il était couché.
Il va regarder l'arc Qui-ne-faut
Et chasser dans le bois.
- Avant d'y venir, connut-il une telle peine ?
1784 Y eut-il jamais des gens qui en connurent autant ?
Mais grâce à l'autre, aucun des deux n'en souffre
Et ils ont bien leurs joies.
Jamais, depuis qu'ils sont dans la forêt,
1788 Deux êtres ne burent un tel calice;
Et jamais, comme l'histoire le dit,

Là où Béroul le vit écrit,
Il n´y eut gens qui s´aimèrent tant
1792 Ni ne le payèrent si chèrement. -
La reine se rend à sa rencontre.
La forte chaleur les accable beaucoup.
Tristran l´embrasse et lui dit :
1796 " .   .   .   .
- Ami, où êtes-vous allé ?
- Chasser un cerf qui m´a épuisé;
Je l´ai tant poursuivi que j´en suis tout courbatu.
1800 Le sommeil me prend, je veux dormir."
La hutte est faite de rameaux verts;
De part en part, du feuillage y a été ajouté
Et le sol en est tapissé.
1804 Iseut se couche la première;
Tristran fait de même et, tirant son épée,
La pose entre leurs deux corps.
Iseut porte sa chemise -
1808 Si elle avait été nue ce jour-là,
Un chose terrible leur serait arrivée -
Et Tristran, lui, porte ses braies.
La reine a au doigt
1812 L´alliance richement sertie d´émeraudes,
Que le roi lui a donné pour ses noces.
Le doigt est fort amaigri
Et pour peu, l´anneau en serait tombé.
1816 Ecoutez comment ils se sont couchés :
Elle a glissé un bras sous la nuque de Tristran
Et l´autre, je pense, elle l´a posé sur lui :
1820 Elle le tient serré contre elle
Et lui aussi l´entoure de ses bras;
Leur affection est réelle.
Leurs bouches sont proches,
1824 Mais il y a néanmoins un espace
De sorte qu´elles ne se touchent pas.
Nul vent ne souffle et nulle feuille ne bouge.
Un rayon de soleil tombe sur le visage d´Iseut
1828 Qui brille plus que la glace.
Ainsi s´endorment les amants,

Il ne s'attendent à aucun mal :
Il n'y a qu'eux deux en cet endroit.
1832 Governal, je crois,
S'est rendu avec le destrier
Au bout du bois chez le forestier.
       Ecoutez seigneurs, ce qui arriva :
1836 Cela faillit être bien fâcheux et cruel pour eux !
Par la forêt arrive un forestier
Qui a repéré les abris de feuillage
Où ils se sont reposés;
1840 Il suit le fourré, si bien
Qu'il parvient à la ramée
Dont Tristran a fait son gîte.
Il voit les dormeurs et les reconnaît bien;
1844 Il blêmit, il est saisi
Et s'éloigne vite, plein de frayeur.
Il sait bien que, si Tristran s'éveille,
On ne lui demandera d'autre otage
1848 Que sa tête, qu'il laissera en gage;
Rien de surprenant, s'il s'enfuit.
Il quitte le bois en courant à toutes jambes.
       Tristran et son amie dorment;
1852 Ils ont échappé de peu à la mort.
De l'endroit où ils dorment,
Il y a, je crois, deux bonnes lieues
Jusqu'où le roi tient sa cour.
1856 Le forestier court à toute allure,
Car il est au courant de la proclamation
Qui été faite au sujet de Tristran :
Celui qui renseignera le roi
1860 Aura sa fortune faite.
Le forestier le sait bien,
C'est pourquoi il court avec tant de hâte.
Dans son palais, le roi Marc
1864 Rend justice avec ses barons;
Ces derniers remplissent la salle.
Le forestier dévale la colline
Et entre d'un pas rapide.
1868 Croyez-vous qu'il se soit arrêté un instant

Avant d'avoir atteint les marches
De la salle ? Il les gravit.
Le roi voit venir son forestier à toute allure
1872 *Et l'appelle aussitôt :*
"As-tu des nouvelles, toi qui arrives avec tant de hâte ?
Tu as l'air d'un homme qui vient de courir avec les chiens
A la poursuite d'une proie.
1876 Veux-tu te plaindre de quelqu'un devant la cour ?
Tu sembles être en difficulté
Et venir de bien loin.
Si tu désires quelque chose, fais ton message.
1880 Quelqu'un a-t-il refusé de te payer,
Ou as-tu été chassé de ma forêt ?
- Roi, écoutez-moi, s'il vous plaît,
Et prêtez-moi l'oreille un instant :
1884 On a proclamé par ce pays que
Quiconque pourrait trouver votre neveu
Devrait plutôt risquer sa vie
Que de ne pas le capturer ou ne pas vous en avertir.
1888 Je l'ai trouvé, mais je redoute votre courroux :
Si je vous renseigne, me tuerez-vous ?
Je vous conduirai là où il dort,
Ainsi que la reine qui est avec lui.
1892 Je l'ai vu, il y a peu, en sa compagnie;
Ils étaient profondément endormis.
Je fus saisi quand je les vis là."
        Le roi l'écoute, il souffle et soupire :
1896 *Il est consterné et fâché.*
Il murmure discrètement
A l'oreille du forestier :
"Où sont-ils ? Dis-moi !
1900 - Dans une loge du Morrois,
Il y dorment étroitement enlacés.
Venez vite et nous serons vengés d'eux.
Roi, si à présent vous n'en tirez âpre vengeance,
1904 Vous n'avez assurément aucun droit à ce royaume.
- Sors d'ici ! " *lui dit le roi,* "et
Si tu tiens à la vie,
Ne dis à personne ce que tu sais,

1908	Que ce soit un étranger ou un de mes familiers.
	Va à la croix rouge, à la bifurcation,
	Où l'on enterre souvent les morts;
	Ne bouge pas, attends-moi là.
1912	Je te donnerai de l'or et de l'argent
	Tant que tu voudras, je le promets".
	Le forestier laisse la roi,
	Se rend à la croix et s'y assied.
1916	*Que la male goutte lui crève les yeux,*
	Lui qui s'acharne tant à la perte de Tristran !
	Il eût mieux fait de s'en aller
	Car, par la suite, il connut une fin honteuse,
1920	*Comme le récit vous l'apprendra plus loin.*
	Le roi entre dans sa chambre
	Et fait venir tous ses familiers,
	Pour leur défendre expressément
1924	*D'oser faire un seul pas*
	Pour le suivre.
	Chacun lui dit : "Sire, vous plaisantez !
	Vous, aller seul quelque part ?
1928	Jamais roi ne fut sans escorte.
	Quelle nouvelle avez-vous apprise ?
	Ne vous dérangez pas sur les dires d'un espion.
	- Je n'ai aucune nouvelle," *dit le roi,*
1932	"Mais une pucelle a demandé que
	J'aille lui parler en toute hâte et me
	Recommande bien de ne pas amener de compagnon.
	J'irai tout seul sur mon destrier et
1936	N'emmènerai ni compagnon ni écuyer;
	Cette fois, j'irai sans vous.
	- Voilà qui nous inquiète," *lui répondent-ils* :
	"Caton recommanda à son fils
1940	D'éviter les lieux écartés.
	-Je sais tout cela," *dit le roi;*
	"Laissez-moi un peu faire à ma guise."
	Le roi fait seller sa monture et
1944	*Ceint son épée. Souvent il a déploré*
	En lui-même l'infamie
	Commise par Tristran, quand il lui ravit

Iseut, la belle au teint clair,
1948 *Avec qui il s'est enfui :*
S'il les trouve, malheur à eux,
Il ne manquera pas de leur nuire.
Le roi est bien résolu
1952 *A les tuer; quelle grave erreur !*
Il sort de la ville,
Se disant qu'il préférerait être pendu
Que de ne pas tirer vengeance
1956 *De ceux qui lui ont fait une telle injure.*
Il arrive à la croix où le forestier l'attend;
Il lui dit de se dépêcher et
De le conduire par le chemin le plus court.
1960 *Ils pénètrent dans le bois bien ombragé.*
L'espion précède le roi;
Le roi le suit, confiant
En l'épée qu'il a ceinte
1964 *Et dont il a donné de nombreux coups.*
En quoi il se montre trop présomptueux;
Car, si Tristran s'éveillait
Et que le neveu en vînt aux prises avec l'oncle,
1968 *Le combat ne prendrait fin qu'à la mort de l'un d'eux.*
Le roi Marc dit au forestier
Qu'il lui donnerait vingt marcs d'argent,
S'il le conduisait vite à l'endroit promis.
1972 *Le forestier, honni soit-il,*
Dit qu'ils sont près de leur but.
L'espion fait descendre le roi
Du bon cheval gascon
1976 *Et le contourne pour tenir l'étrier;*
Ils attachent les rênes du destrier
A la branche d'un pommier vert.
Ils s'approchent encore et aperçoivent
1980 *La ramée pour laquelle ils sont venus.*
Le roi dégrafe son manteau,
Dont les agrafes sont d'or fin;
Ainsi dévêtu il a belle prestance.
1984 *Il tire son épée du fourreau et*
S'avance plein de colère, se répétant que,

S´il ne les tue maintenant, il aime mieux mourir.
L´épée nue, il pénètre dans la loge.
1988 Le forestier vient derrière
Et court en hâte après le roi;
Le roi lui fait signe de se retirer.
Le roi, emporté par la colère, brandit son épée
1992 Bien haut, mais il défaille;
Le coup va s´abattre sur eux -
S´il les avait tués, c´eût été un grand malheur -
Quand il voit qu´elle porte sa chemise,
1996 Qu´il y a un espace entre eux
Et que leurs bouches ne sont pas unies;
Quand il voit l´épée nue qui,
Placée entre eux deux, les sépare
2000 Et qu´il remarque les braies de Tristran.
"Dieu," s´exclame le roi, "que signifie cela ?
Maintenant que j´ai vu comment ils se comportent,
Je ne sais ce que je dois faire,
2004 Les tuer ou me retirer.
Ils sont ici dans le bois, depuis bien longtemps;
Je puis bien supposer, si j´ai quelque bon sens,
Que s´ils s´aimaient d´un amour coupable,
2008 Ils ne seraient pas vêtus,
Qu´entre eux deux, il n´y aurait pas d´épée,
Et qu´ils seraient bien autrement rapprochés.
J´étais prêt à les tuer :
2012 Je ne les toucherai pas, je réprimerai ma colère.
Ils ne songent pas à s´aimer de manière déshonnête.
Je ne frapperai aucun des deux; ils sont endormis :
2016 Je commettrais une grave erreur
En les touchant.
Et si j´éveille ce dormeur
Et qu´il me tue ou que je le tue,
Il circulera des bruits fâcheux.
Avant qu´ils ne s´éveillent,
2020 Je leur laisserai des signes tels
Qu´ils sauront avec certitude
Qu´on les a trouvés endormis,
Qu´on a eu pitié d´eux,

2024 Et qu´on ne veut nullement les tuer,
Ni moi, ni personne de mon royaume.
Je vois au doigt de la reine
2028 L´anneau serti d´une émeraude
Que je lui ai donné un jour - il est d´une grande valeur;
Moi, j´en porte un qui fut sien :
Je lui ôterai le mien du doigt.
2032 J´ai sur moi des gants de vair
Qu´elle apporta d´Irlande;
J´en vais cacher le rayon qui lui brûle le visage -
Il lui donne chaud, je crois;
2036 Et au moment de partir,
Je retirerai d´entre eux deux l´épée
Qui servit à décapiter le Morholt."
Le roi a ôté ses gants
2040 *En contemplant les deux dormeurs côte à côte.*
Des gants il masque très délicatement
Le rayon qui tombe sur Iseut.
L´anneau à son doigt est découvert
2044 *Et il le tire doucement sans que* [le doigt] *ne bouge.*
La première fois, il y entra difficilement
Mais à présent elle a les doigts si amaigris
Qu´il en glisse sans peine;
2048 *Le roi sait bien le lui enlever.*
Il ôte doucement l´épée qui les sépare
Et met la sienne à la place.
Il sort de la loge,
2052 *Va vers son cheval et l´enfourche.*
Il dit au forestier de s´en aller :
Qu´il parte et disparaisse.
Le roi s´éloigne en les laissant dormir.
2056 *Il ne fait rien d´autre cette fois-ci.*
Il a regagné sa cité;
De toutes parts, on lui demande
Où il s´est rendu et où il est resté si longtemps.
2060 *Le roi leur ment et ne révèle pas*
Où il est allé, ce qu´il y a cherché
Ni ce qu´il y a fait.
Mais revenons aux dormeurs,

2064   *Que le roi a laissés dans le bois.*
Il semble à la reine
Qu´elle se trouve sous une riche tente,
Dans une grande forêt;
2068   *Deux lions s´avançaient vers elle,*
Cherchant à la dévorer;
Elle veut leur crier grâce,
Mais les lions, pressés par la faim,
2072   *La saisissent chacun par la main.*
Sous l´effet de la frayeur
Iseut pousse un cri et s´éveille.
Les gants garnis d´hermine blanche
2076   *Lui sont tombés sur la poitrine.*
A ce cri, Tristran s´éveille,
Le visage tout empourpré.
Il est alarmé et se lève d´un bond :
2080   *Furieux, il saisit l´épée,*
Regarde la lame et ne voit pas la brèche;
Il aperçoit le pommeau d´or qui la surmonte
Et reconnaît l´épée du roi.
2084   *La reine voit à son doigt*
L´anneau qu´elle lui a donné,
Alors que le sien lui a été ôté.
Elle s´écrie : "Seigneur, hélas,
2088   *Le roi nous a surpris ici."*
Il lui répond : "Dame, c´est vrai.
Maintenant il nous faut quitter le Morrois,
Car, à ses yeux, nous sommes très coupables.
2092   Il m´a pris mon épée et m´a laissé la sienne;
Il aurait bien pu nous tuer.
- Sire, en vérité, je le pense aussi.
- Belle, à présent il ne nous reste qu´à fuir.
2096   Il nous a quittés pour nous trahir;
Il était seul, il est assurément allé chercher
Du renfort et compte nous capturer.
Dame, fuyons vers le pays de Galles.
2100   Mon sang se retire." *Il devient tout pâle.*
    A cet instant voici qu´arrive
Leur écuyer avec son cheval;

Il voit que son seigneur est livide
2104 *Et lui demande ce qu'il a.*
"Par ma foi, maître, le roi Marc
Nous a trouvés endormis ici.
Il a laissé son épée et emporté la mienne;
2108 Je crains qu'il ne trame quelque perfidie.
Du doigt d'Iseut il a ôté son bel anneau
Et lui a laissé le sien;
Par cet échange nous pouvons comprendre,
2112 Maître, qu'il veut nous tromper.
Il était seul quand il nous découvrit et,
Pris de peur, il a fait demi-tour.
Il est parti chercher ses hommes;
2116 Il en a beaucoup, aussi hardis que redoutables.
Il les amènera car il veut nous tuer,
Moi et la reine Iseut;
Il veut nous capturer, nous brûler
2120 Et disperser publiquement notre cendre au vent.
Fuyons, nous n'avons pas à tarder."
Ils n'ont en effet pas à tarder.
Ils ne peuvent s'empêcher d'avoir peur,
2124 *Car ils savent que le roi est cruel et violent.*
Ils sont partis à toute allure :
Ils redoutent le roi après cet incident.
Ils traversent le Morrois et s'éloignent
2128 *Par longues étapes que leur commande la peur.*
Ils s'en vont en droite ligne vers le pays de Galles.
L'amour leur aura causé beaucoup de peine :
Durant trois longues années, ils connaissent la misère,
2132 *Ils pâlissent et s'affaiblissent.*

LA SEPARATION

       Seigneurs, vous savez le vin dont ils burent,
Et par lequel il furent précipités
Dans le malheur pour si longtemps.
2136   *Mais vous ignorez, je pense,*
Quelle était la durée d'action
Du philtre d'amour, du vin herbé.
La mère d'Iseut, qui le prépara,
2140   *Le dosa pour trois ans d'amour.*
C'est à Marc et à sa fille qu'elle le destina;
Un autre le goûta et il en souffre.
Tant que durèrent les trois années,
2144   *Le vin domina tellement Tristran*
Et aussi la reine, que chacun d'eux
Disait : "Je n'en suis nullement malheureux".
       Le lendemain de la Saint-Jean
2148   *Furent révolus les trois ans*
Qui étaient assignés au breuvage.
Tristran a quitté son lit,
Iseut est restée dans la feuillée.
2152   *Sachez que Tristran a décoché*
Une flèche à un cerf qu'il visait
Et lui a transpercé les flancs.
Le cerf s'enfuit; Tristran se lance à sa poursuite,
2156   *Tant et si bien qu'il le poursuit encore quand le soir tombe.*
Comme il court après la bête,
Revient l'heure où il a bu le boire d'amour,
Et il s'arrête.
2160   *Aussitôt il se repent en se disant :*
"Ah Dieu, j'ai tant de peine !
Voila trois ans aujourd'hui exactement,
Que le malheur ne m'a quitté,
2164   Ni jour de fête, ni jour de semaine.
J'ai oublié la chevalerie,

La vie de la cour et des barons.
Je suis banni du royaume,
2168   J´ai tout perdu, et vair et petit-gris,
Je ne suis plus à la cour avec les chevaliers.
Dieu ! Mon cher oncle m´aurait tant aimé
Si je ne m´étais rendu si coupable à son égard !
2172   Ah, Dieu, tout va mal pour moi !
En ce moment je devrais être à la cour du roi
Entouré de cent damoiseaux
Qui me serviraient afin de recevoir leurs armes
2176   Et de m´offrir leur service.
Je devrais aller m´engager en terre étrangère,
Pour toucher une solde.
Il me peine d´avoir donné à la reine
2180   Une cabane en guise de chambre;
Elle vit dans un bois, alors qu´elle pourrait être,
Avec ses suivantes, dans de beaux appartements
Tendus de draps de soie.
2184   Par ma faute elle s´est écartée du droit chemin.
Je supplie Dieu, le maître du monde,
Qu´il me donne la force
De laisser la reine
2188   En paix avec mon oncle.
Je le jure devant Dieu :
Je le ferais très volontiers, si je le pouvais,
De sorte qu´Iseut soit reconciliée
2192   Avec le roi Marc qu´elle a épousé, hélas !
En présence de nombreux notables,
Selon le rite prescrit par la religion romaine."
Tristran s´appuie sur son arc;
2196   *Il se reproche d´avoir causé*
Un tel tort au roi Marc, son oncle,
En faisant naître la discorde entre sa femme et lui.
Ce soir-là Tristran se lamente :
2200   *Ecoutez ce qu´il en est d´Iseut !*
Elle se répète sans cesse : "Pauvresse, malheureuse,
Pourquoi as-tu reçu la jeunesse ?
Tu vis dans la forêt comme une serve,
2204   Sans grand monde pour te servir.

Je suis reine, mais j'ai perdu ce titre
A cause de la potion
Que nous avons bue en mer.
2208 C'est la faute de Brangien, qui devait y veiller.
Malheureuse ! Comme elle l'a mal gardée !
Elle n'en peut mais, car j'en ai trop bu.
Les damoiselles des seigneuries,
2212 Filles des nobles vavasseurs,
Je devrais les avoir auprès de moi,
Dans mes appartements, pour me servir ;
Et je devrais les marier et les donner
2216 A des seigneurs, en tout bien tout honneur.
Ami Tristran, il nous mit dans une triste situation,
Celui qui nous fit boire ensemble
Le breuvage d'amour ;
2220 Il ne pouvait nous tromper plus cruellement."
       Tristran lui répond : "Noble reine,
Nous employons mal notre jeunesse.
Belle amie, si je pouvais,
2224 Grâce à un conseil,
Me réconcilier avec le roi Marc,
De sorte qu'il oublie sa colère
Et qu'il accepte notre assurance
2228 Que jamais, ni en actes ni en paroles,
Je n'ai eu avec vous des relations
Qui lui soient source de honte ;
Il n'y aurait de chevalier en ce royaume,
2232 De Lidan jusqu'à Durham, qui,
S'il prétendait que mon amour
Pour vous fut déshonnête,
Ne me retrouverait armé en champ clos.
2236 Et s'il voulait me permettre,
Quand vous vous seriez réhabilitée,
De faire partie de sa suite,
Je le servirais honorablement
2240 Comme mon oncle et mon seigneur ;
Il n'aurait pas de soldat sur ses terres
Qui le soutiendrait mieux dans ses guerres.
Mais si c'était son bon plaisir

2244	De vous reprendre et de me rejeter
	En dédaignant mes services,
	Je m´en irais chez le roi de Frise,
	Ou je passerais en Bretagne
2248	Avec Governal pour toute compagnie.
	Noble reine, où que je sois,
	Je me considérerai toujours vôtre.
	Je n´aurais pas souhaité cette séparation
2252	Si nous avions pu demeurer ensemble,
	S´il n´y avait eu, belle amie, les privations
	Que vous endurez et avez endurées tous les jours
	Par ma faute, dans ce pays sauvage.
2256	A cause de moi vous perdez votre titre de reine;
	Sans ce vin herbé, dame,
2260	Qui nous a été donné en mer,
	Vous pouviez vivre honorée,
	En vos appartements avec votre époux.
	Noble Iseut, beau visage,
	Que nous conseillez-vous de faire ?
	- Sire, grâces soient rendues à Jésus,
2264	Que vous vouliez renoncer au péché !
	Ami, qu´il vous souvienne de l´ermite
	Ogrin, qui nous enseigna tant de choses
	Sur la loi de l´Ecriture,
2268	Quand vous êtes allé en sa demeure
	Qui est aux confins de ce bois.
	Cher et tendre ami, si l´envie
	Vous est venue de vous repentir,
2272	Ce ne pouvait arriver plus opportunément.
	Sire, retournons chez lui.
	En cela j´ai pleine confiance :
	Il nous donnera un bon conseil,
2276	Qui nous permettra de connaître encore
	Un bonheur durable.”
	Tristran l´écoute et pousse un soupir.
	“Noble reine,” *dit-il,*
2280	“Retournons à l´ermitage;
	Ecrivons cette nuit même ou demain matin,
	Avec l´aide de maître Ogrin,

2284   Une lettre, sans autre message,
Dans les termes qui nous conviennent.
- Ami Tristran, j'approuve vos paroles.
Implorons tous deux
Le puissant roi du ciel
2288   Qu'il prenne pitié de nous, cher Tristran ! "
Les deux amants font demi-tour dans le bois
Et marchent sans répit,
Tant qu'ils parviennent à l'ermitage.
2292   *Ils trouvent l'ermite Ogrin en train de lire.*
Quand il les voit, il les appelle aimablement.
Ils s'asseyent dans la chapelle :
"Pauvres exilés, quelle grande douleur
2296   L'amour vous impose !
Combien de temps votre égarement durera-t-il ?
Vous n'avez que trop mené cette vie.
Je vous en conjure, repentez-vous ! "
2300   *Tristran lui répond :* "Ecoutez donc :
C'était notre destinée
De vivre ainsi aussi longtemps.
Voilà bien trois ans, si je ne m'abuse,
2304   Que les tourments ne nous ont jamais quittés.
Si nous pouvons maintenant trouver le moyen
De réconcilier la reine avec le roi,
Je ne chercherai plus jamais
2308   A servir le roi Marc comme un seigneur;
Je m'en irai, avant un mois,
En Bretagne ou en Loenois.
Mais si mon oncle veut m'admettre
2312   A sa cour pour le servir,
Je le servirai comme il convient.
Sire, mon oncle est un roi puissant.

    . . . .

2316   Pour l'amour de Dieu, sire, conseillez-nous
Au mieux sur ce que vous venez d'entendre,
Et nous ferons ce que vous direz."
Seigneurs, parlons de la reine.
2320   *Elle se jette aux pieds de l'ermite;*
Elle n'hésite pas à le prier de les

Réconcilier avec le roi, en se lamentant :

2324 "Plus jamais de ma vie,
Je n´aimerai de fol amour.
Je ne dis pas, comprenez-moi,
Que je me repente jamais d´aimer Tristran
Et que je n´ai pas pour lui un sincère attachement,
2328 Une amitié sans déshonneur;
Nous sommes, l´un comme l´autre,
Totalement délivrés du désir charnel."

A ces paroles, l´ermite se met à pleurer
2332 *Et remercie Dieu de ce qu´il entend :*
"Ah Dieu, beau roi tout-puissant,
Je vous rends grâces, de tout mon coeur,
De m´avoir laissé voir le jour
2236 Où ces deux jeunes gens viennent
Solliciter mes conseils au sujet de leur faute.
Puissé-je vous en louer toujours !
Je jure par ma foi et ma religion
2340 Que vous serez bien conseillés par moi.
Tristran, écoutez-moi un peu -
Vous êtes venu ici chez moi -
Et vous reine, écoutez mon discours,
2344 Et soyez raisonnable.
Quand un homme et une femme ont péché,
S´ils se sont appartenu et se sont quittés,
Puis en viennent à faire pénitence
2348 Et montrent un sincère repentir,
Dieu leur pardonne leur crime,
Aussi horrible et laid soit-il.
Tristran, reine, prêtez-moi l´oreille
2352 Un moment et écoutez-moi :
Pour effacer la honte et cacher le mal,
Il faut mentir un peu à bon escient.
Puisque vous m´avez demandé conseil,
2356 Je m´exécuterai sans tarder.
Dans du parchemin, je couperai une lettre,
Qui commencera par une salutation;
Vous l´enverrez à Lantyan et
2360 Vous ferez savoir au roi, avec vos compliments,

Que vous êtes dans la forêt avec la reine,
Mais que s´il veut la reprendre
Et oublier son ressentiment,
2364 Vous ferez de même envers lui
Et vous vous rendrez à sa cour.
S´il s´y trouve un homme fort, sage ou stupide,
Pour dire que vous avez conçu
2368 Un amour déshonnête,
Et que vous ne puissiez vous défendre,
Que le roi Marc vous fasse pendre.
Tristran, j´ose vous conseiller ainsi
2372 Pour la raison que vous ne trouverez pas là d´égal
Pour vous jeter le gant.
Je vous donne ce conseil en toute bonne foi.
Il ne peut nier ceci :
2376 Quand il voulut vous mettre à mort
Et vous brûler sur le bûcher par la faute du nain -
Les courtisans et le peuple le virent -
Il ne voulut pas entendre parler de procès.
2380 Par la grâce de Dieu
Vous en avez réchappé,
Comme on l´a souvent dit,
Et, n´eût été la puissance divine,
2384 Vous auriez péri honteusement -
Vous avez fait un saut tel qu´il n´y a
Personne entre Constentin et Rome
Qui eût pu le voir sans frissonner -
2388 Alors vous avez pris la fuite par peur.
Vous avez secouru la reine
Et depuis lors vous avez vécu dans les bois.
Vous l´aviez amenée de sa patrie
2392 Et la lui aviez donnée en mariage -
Tout cela a été fait, il le sait bien -
Elle fut mariée à Lantyan.
Il vous seyait mal de faire défaut à la reine;
2396 Vous avez préféré fuir avec elle.
S´il veut écouter votre défense,
En présence de grands et petits,
Vous lui proposez de la présenter à la cour.

2400 Et s´il le juge bon -
Quand, de l´avis de ses vassaux,
Votre loyauté aura été établie -
Qu´il reprenne sa noble épouse.
2404 Et, si vous apprenez que cela l´agrée,
Vous serez à sa solde
Et vous le servirez bien volontiers;
Mais s´il refuse vos services,
2408 Vous traverserez la mer de Frise.
Pour aller servir un autre roi.
Tel sera le texte de la lettre. - Je suis d´accord;
Mais que ceci soit ajouté sur le parchemin,
2412 Si vous le permettez, sire Ogrin,
Car je n´ose me fier à lui :
Il a fait proclamer un ban contre moi.
Je le prierai, comme un seigneur
2416 A qui je voue un sincère attachement,
De me répondre par une autre lettre
Et d´y faire connaître son bon plaisir;
2420 Qu´il ordonne que la lettre soit pendue
A la croix rouge au milieu de la lande.
Je n´ose lui faire savoir où je suis,
Car je crains qu´il ne cherche à me nuire.
Je m´en remettrai à la lettre quand je l´aurai
2424 Et je ferai tout ce qu´il voudra.
Maître, que ma lettre soit scellée.
Sur le ruban vous écrirez : *Vale !*
Je n´ai plus rien à ajouter.''
2428 *L´ermite Ogrin se lève,*
Il prend plume, encre et parchemin
Et écrit tout ce discours.
Cela fait, il prend un anneau
2432 *Et presse la châton dans la cire.*
La lettre scellée, il la tend à Tristran,
Qui la reçoit volontiers.
''Qui la portera ? '' *demande l´ermite,*
2436 ''Je la porterai moi-même. - Non, pas vous, Tristran.
- Mais si, je peux le faire,
Je connais bien la région de Lantyan.

Beau sire Ogrin, avec votre permission,
2440 La reine restera ici;
D´ici peu, à la nuit tombante,
Quand le roi dormira paisiblement,
J´enfourcherai mon destrier
2444 Et j´emmènerai mon écuyer.
En dehors de la ville il y a une pente,
Je descendrai là et je continuerai à pied.
Mon maître gardera mon cheval :
2448 Jamais laïc ou prêtre n´en vit de meilleur.”
        Ce soir-là, après le coucher du soleil,
Quand le ciel s´assombrit,
Tristran se met en route avec son maître.
2452 *Il a une bonne connaissance des lieux et de toute la contrée.*
A force de chevaucher
Ils arrivent devant la cité de Lantyan.
Il met pied à terre et entre dans la ville;
2456 *Les guetteurs sonnent bruyamment du cor.*
Il descend, entre par le fossé
Et gagne la grande salle en courant.
Tristran est extrêmement anxieux.
2460 *Il arrive à la fenêtre de la chambre*
Où le roi dort; il l´appelle doucement,
Car il n´a nulle envie de crier à tue-tête.
Le roi s´éveille et dit :
2464 “Qui êtes-vous pour venir à cette heure ?
Que désirez-vous ? Dites-moi votre nom !
- Sire, on m´appelle Tristran.
J´apporte une lettre et je la dépose ici
2468 Sur la fenêtre de cet enclos.
Je n´ose vous entretenir longuement;
Je vous laisse la lettre, je n´ose m´attarder”.
        Tristran s´en retourne, le roi bondit et
2472 *Par trois fois, l´appelle à haute voix :*
“Par Dieu, beau neveu, attendez votre oncle ! ”
Le roi prend la lettre en main.
Tristran s´en va sans plus attendre;
2476 *Il s´empresse de s´éloigner.*
Il rejoint son maître qui l´attend

Et saute légèrement en selle.
Governal dit : "Insensé, dépêchez-vous !
2480 Empruntons les petits sentiers ! "
Ils chevauchent si bien à travers bois
Qu´ils regagnent l´ermitage au lever du jour;
Ils y pénètrent. Ogrin est en train de prier
2484 *Le roi des cieux, de toutes ses forces,*
Pour qu´il préserve Tristran ainsi que Governal,
Son écuyer, de tout malheur.
Quelle n´est pas sa joie quand il le voit;
2488 *Il rend grâces à son Créateur.*
Il ne faut pas demander si Iseut
Etait anxieuse de les revoir;
Pas un instant, depuis le soir de leur départ
2492 *Jusqu´ à ce que l´ermite et elle les revoient,*
Elle n´a cessé d´essuyer ses larmes;
L´attente lui a paru bien longue.
Quand elle le voit venir, elle les prie . . .
2496 *Il n´est pas question de ce qu´il y a accompli.*
"Ami, dites-moi, aussi vrai que Dieu vous aime,
Avez-vous donc été à la cour du roi ? "
Tristran leur raconte tout :
2500 *Comment il est entré dans la ville,*
Comment il a parlé au roi
Et comment le roi l´a rappelé,
De quelle manière il s´est défait de la lettre
2504 *Et comment le roi a trouvé le message.*
"Dieu," *dit Ogrin,* "grâces vous soient rendues.
Tristran, soyez-en sûr, vous aurez
Sous peu des nouvelles du roi Marc."
2508 *Tristran met pied à terre et dépose son arc.*
Ils demeurent désormais à l´ermitage.
          Le roi fait éveiller ses barons.
D´abord, il envoie chercher le chapelain et
2512 *Lui tend la lettre qu´il tient en main.*
Ce dernier brise la cire et lit la lettre ;
En tête, il voit le nom du roi
A qui Tristran présente ses salutations.
2516 *Il a vite déchiffré tous les mots*

Et informe le roi du message.
Le roi l'écoute attentivement
Et s'en réjouit grandement,
2520 *Car il aime beaucoup sa femme.*
Le roi éveille ses barons et fait mander
Nommément ceux qu'il estime le plus.
Quand ils sont tous présents,
2524 *Le roi prend la parole, et tous de se taire.*
"Seigneurs, une lettre m'a été envoyée ici.
Je suis votre roi, vous êtes mes marquis :
Que la lettre soit lue et entendue et,
2528 Quand elle aura été lue,
Je vous demande de me conseiller;
Vous me devez conseil."
Dinas se lève le premier
2532 *Et dit à ses pairs :* "Seigneurs, écoutez-moi.
Si mes propos ne vous paraissent pas sages,
Ne leur accordez nul crédit.
Que celui qui saura parler mieux, le fasse,
2536 Qu'il le fasse bien et se garde de toute sottise.
Nous ne savons de quel pays provient
La lettre qui nous a été envoyée ici;
Que la lettre soit d'abord lue
2540 Et puis, d'après son contenu,
Que celui qui pourra nous donner bon conseil,
Parle. Je ne vous le cache pas :
Celui qui conseille mal son seigneur légitime
2544 Ne peut commettre plus grande énormité."
Les Cornouaillais disent au roi :
"Dinas a parlé comme un homme de coeur.
Seigneur chapelain, lisez la lettre,
2548 Que nous l'entendions tous d'un bout à l'autre."
Le chapelain se lève,
Déroule le parchemin des deux mains
Et se plante bien en face du roi :
2552 "Ecoutez maintenant et comprenez moi bien.
Tristran, le neveu de notre seigneur,
Envoie d'abord son salut et son affection
Au roi et à tous ses barons.
2556 "Roi, vous connaissez les circonstances

"Du mariage de la fille du roi d'Irlande.
"Je suis allé par mer jusqu'en Irlande.
"Et c'est par mon exploit que je l'ai conquise :
2560 "J'ai tué le grand dragon crêté,
"Grâce à quoi elle me fut donnée.
"Je l'ai amenée en votre pays, sire,
"Et vous l'avez prise pour femme
2564 "En présence de vos chevaliers.
"Vous n'aviez guère été avec elle,
"Quand les mauvaises langues de votre royaume
"Vous abusèrent par des mensonges.
"Si quelqu'un voulait jeter un blâme sur elle,
2568 "Je suis prêt à jeter le gant
"Afin de prouver, beau sire,
"Contre mon pair, à pied ou à cheval -
2572 "Chacun ayant armes et cheval -
"Que jamais elle n'a eu à mon égard
"Ni moi envers elle, un sentiment déshonnête.
"Si je ne puis la disculper
2576 "Et me justifier devant votre cour,
"Alors laissez-moi le faire devant vos hommes.
"Il n'y a pas un seul baron que j'exclue;
"Il n'y a pas un seul baron qui, pour mon malheur,
2580 "Ne souhaite me faire brûler ou condamner.
"Vous savez bien, mon oncle, que
"Dans votre courroux, vous avez voulu nous brûler.
"Mais Dieu a été pris de compassion
2584 "Et nous avons vénéré le Seigneur :
"La reine, par bonheur,
"En réchappa : ce fut juste,
"Dieu me garde, car c'est à grand tort
2588 "Que vous vouliez la mettre à mort.
"J'échappai en sautant
"Du haut d'un grand rocher.
"Alors la reine, en guise de châtiment,
2592 "Fut livrée aux lépreux;
"Je la leur ravis et l'emmenai.
"Depuis lors, j'ai fui sans cesse avec elle;

2596	"Je ne pouvais l´abandonner, puisque,
	"Injustement, elle avait failli mourir à cause de moi.
	"Puis, j´ai erré avec elle par les bois,
	"Car je n´étais pas assez téméraire
	"Pour oser paraître dans la plaine.
2600	"[Vous avez fait proclamer qu´il fallait]
	"Nous prendre et nous livrer à vous.
	"Vous nous auriez fait brûler ou pendre :
	"C´est la raison de notre fuite.
2604	"Mais, si à présent c´était votre bon plaisir
	"De reprendre Iseut au teint clair,
	"Aucun baron en ce pays
	"Ne vous servirait mieux que moi.
2608	"Si l´on vous persuade au contraire
	"De ne pas accepter mes services,
	"Je m´en irai chez le roi de Frise;
	"Plus jamais vous n´entendrez parler de moi,
2612	"Je passerai outre-mer.
	"Prenez conseil, roi, sur ce que vous entendez.
	"Je ne puis endurer davantage un tel tourment :
	"Ou je me réconcilie avec vous,
2616	"Ou je ramène en Irlande
	"La fille du roi, là où je l´ai conquise;
	"Elle sera reine en son pays."
	Le chapelain dit au roi :
2620	"Sire, il n´y a pas plus dans cet écrit."
	Les barons ont entendu la requête :
	Tristran leur offre de se battre
	Pour la fille du roi d´Irlande.
2624	*Il n´y a baron de Cornouailles*
	Qui ne dise : "Roi, reprenez votre femme.
	Ils n´ont jamais eu aucun bon sens,
	Ceux qui ont tenu sur la reine
2628	Les propos que l´on vient d´entendre ici.
	Je ne puis vous conseiller de permettre
	Que Tristran demeure de ce côté de la mer;
	Qu´il se rende en Galloway, auprès du roi puissant
2632	Qui guerroie avec le roi d´Ecosse.
	Il pourra rester là et vous recevrez

Peut-être à son sujet des nouvelles
Qui vous inciteront à l'envoyer chercher;
2636 Autrement nous ne saurons où il va.
Ecrivez-lui de vous ramener
La reine ici, à bref délai."
Le roi appelle son chapelain :
2640 "Ecrivez cette lette d'une main diligente;
Vous avez entendu ce que vous devez y noter.
Hâtez-vous d'écrire, je suis fort anxieux.
Il y a si longtemps que j'ai vu la noble Iseut;
2644 Elle a beaucoup souffert dans sa jeunesse.
Et quand la lettre sera scellée,
Pendez-la à la croix rouge,
Qu'on le fasse ce soir même.
2648 Ajoutez-y mes salutations."
Après avoir écrit la lettre,
Le chapelain va la pendre à la croix rouge.
Tristran n'a pas dormi de la nuit;￢
2652 *Avant que la moitié n'en soit écoulée,*
Il a traversé la Blanche Lande
Et emporte la lettre scellée;
Il connaît bien le pays de Cornouailles.
2656 *Il arrive chez Ogrin et la lui donne.*
L'ermite prend le bref
Et déchiffre son contenu; il apprend
La générosité du roi, qui oublie sa colère
2660 *Contre Iseut et accepte*
Volontiers de la reprendre;
Et il lit la date de la réconciliation.
Maintenant, il va parler comme il convient,
2664 *En homme qui croit en Dieu.*
"Tristran, quelle joie vous est échue !
Votre souhait a déjà été entendu,
Car le roi reprend la reine.
2668 Tous ses gens le lui ont conseillé;
Mais ils n'osent lui proposer
De vous prendre à sa solde;
Allez donc un an ou deux
2672 En une autre terre, servir un roi

Qui soutient une guerre. Si le roi le désire,
Revenez vers lui et vers Iseut.
D´ici trois jours, sans faute,
2676 Le roi sera prêt à la recevoir.
C´est devant le Gué Aventureux
Qu´aura lieu la conciliation entre vous et eux;
C´est là que vous la lui rendrez, c´est là qu´elle sera reprise.
2680 Cette lettre ne dit rien de plus.
- Dieu ! " *dit Tristran,* "quel adieu !
Bien malheureux celui qui perd son amie !
Mais il le faut à cause des privations
2684 Que vous avez endurées à cause de moi;
Vous ne devez pas souffrir davantage.
Quand viendra le moment des adieux,
Je vous donnerai, belle amie,
2688 Mon gage d´amour, et vous le vôtre.
Il n´y a de terre où je séjournerai,
En temps de guerre comme en temps de paix,
Sans vous envoyer de nouvelles.
2692 Belle amie, de votre côté,
Ecrivez-moi votre bon plaisir."
Dans un long soupir, Iseut répond :
"Tristran, écoutez-moi un moment :
2696 Laissez-moi Husdent, votre braque.
Jamais, mon doux ami, chien de chasseur
Ne sera accueilli comme celui-ci,
Ni traité avec autant d´égards.
2700 Je pense qu´en le voyant,
Je me souviendrai souvent de vous;
Jamais je n´aurai le coeur si lourd
Que sa vue ne me rende heureuse.
2704 Jamais, depuis la proclamation de la loi divine,
Bête n´aura été mieux hébergée
Ni couchée en un lit aussi riche.
Ami Tristran, j´ai une bague
2708 Au chaton de jaspe vert.
Beau sire, pour l´amour de moi
Portez cet anneau à votre doigt.
Si le désir vous prend, sire,

2712   De m'envoyer un messager,
        Je vous affirme, sachez-le bien,
        Que je ne le croirai pas, sire,
        Tant que je n'aurai pas vu cet anneau.
2716   Mais, si je vois la bague,
        Aucune interdiction royale ne m'empêchera,
        Que ce soit sagesse ou folie,
        D'accomplir ce que dira
2720   Celui qui m'apportera cet anneau,
        Pourvu que notre honneur soit sauf;
        Je vous le promets en toute tendresse.
        Ami, me ferez-vous don
2724   De votre vif Husdent qui est attaché là ? "
        Et il répond : "Mon adorée,
        Je vous cède Husdent comme présent d'amour.
        - Sire, je vous en remercie.
2728   Puisque vous m'avez confié le braque,
        Prenez la bague en échange."
        Elle l'ôte de son doigt et le glisse au sien.
        Tristran échange un baiser avec la reine
2732   *Pour confirmer l'échange.*
                L'ermite s'en va au Mont
        A cause des riches marchandises qu'on y trouve.
        Il y achète du vair et du gris,
2736   *Des draps de soie et de la pourpre,*
        Des étoffes écarlates, de la batiste
        Plus blanche que fleur de lys,
        Et un palefroi au pas tranquille,
2740   *Tout harnaché d'or flamboyant.*
        L'ermite Ogrin achète tant au comptant
        Et à crédit et il marchande tellement
        Brocarts, vairs, gris et hermines
2744   *Qu'il peut vêtir la reine somptueusement.*
                Par toute la Cornouailles, le roi a fait
        Proclamer qu'il se réconcilie avec sa femme :
        "Devant le Gué Aventureux
2748   Aura lieu notre réconciliation."
        Le bruit s'en est répandu partout.
        Il n'y a chevalier ni dame

Qui ne vienne à cette assemblée.
2752 Le retour de la reine était fort souhaité;
Elle était aimée de tout le monde,
Sauf des félons, que Dieu détruise !
Tous quatre furent récompensés :
2756 Deux périrent par l'épée,
Le troisième fut tué d'une flèche;
Ils moururent tragiquement dans leur pays.
Le forestier qui les dénonça
2760 Ne put éviter une mort cruelle,
Car le noble et blond Perinis
Le tua ensuite d'un coup de fronde dans la forêt.
2764 Dieu qui voulait abattre un orgueil insolent,
Les vengea de tous les quatre.

Seigneurs, le jour de l'assemblée
Le roi Marc est entouré d'une grande foule :
On a dressé là de nombreux pavillons
2768 Et maintes tentes de barons,
Qui s'étendent loin dans la prairie.
Tristran chevauche avec son amie,
Tristran chevauche et voit la borne.
2772 Sous sa tunique, il a revêtu son haubert,
Car il craint fort pour sa vie
A cause des torts qu'il a envers le roi.
Il aperçoit les tentes sur la prairie
2776 Et reconnaît le roi et sa suite.
Il s'adresse gentiment à Iseut :
"Dame, tenez Husdent.
Pour Dieu, je vous prie d'en prendre soin;
2780 Si vous l'avez jamais aimé, montrez-le maintenant.
Voilà le roi, votre époux,
Et avec lui les hommes de son royaume;
Nous ne pourrons plus longtemps
2784 Nous ménager de tête-à-tête.
Voici venir les chevaliers,
Et le roi et ses hommes d'armes;

Dame, ils viennent à notre rencontre.
2788 Par le Dieu puissant et glorieux,
Si je vous prie de faire quelque chose,
Que ce soit en hâte ou à loisir,
Dame, accomplissez ma volonté.
2792 - Ami Tristran, écoutez-moi écoutez-moi donc :
Par la foi que je vous dois,
Si vous ne m´envoyez l´anneau
Qui est à votre doigt, pour que je le voie,
2796 Je ne croirai pas un mot de ce que dira [le messager].
Mais dès que je reverrai l´anneau,
Il n´est ni tour, ni mur, ni château fort
Qui m´empêchera de faire immédiatement
2800 Ce que m´aura demandé mon bien-aimé,
Conformément à mon honneur et à ma loyauté
Et à ce que je sais être votre désir.
- Dame," *répond-il,* "Dieu vous en sache gré ! "
2804 *Il l´attire à lui et la serre dans ses bras.*
Iseut, qui ne manque pas de bon sens, dit alors :
"Ami, écoutez mes paroles.
- Faites-vous bien comprendre.
2808 - Vous m´escortez pour me rendre
Au roi, sur le conseil
De l´ermite Ogrin, que sa fin soit douce !
Par Dieu, je vous supplie, bel et tendre ami,
2812 De ne pas quitter ce pays
Sans savoir quelle attitude le roi
Adoptera envers moi, irritée ou indécise.
Je vous en prie, moi qui suis votre bien-aimée,
2816 Quand le roi m´aura reprise,
Allez passer la nuit
Chez Orri, le forestier.
Que ce séjour, fait à ma demande, ne vous ennuie pas !
2820 Nous y avons couché bien des nuits
Dans le lit qu´il fit faire pour nous . . .
Les trois qui cherchent à nous nuire,
Connaîtront une mauvaise fin;
2824 Leurs corps seront étendus dans le bois.
Bel et cher ami, je les redoute;

Que l'enfer s'ouvre pour les engloutir !
Je les redoute, car ils sont perfides.
2828 Vous entrerez dans la cave
Sous la cabane, mon tendre ami.
Je vous ferai parvenir par Perinis
Les nouvelles de la cour du roi.
2832 Mon tendre ami, que Dieu vous garde !
Que cela ne vous ennuie de loger là !
Vous verrez souvent mon messager;
Je vous ferai savoir comment je vais
2836 Par mon valet et à votre maître . . .
- Il n'en fera rien, chère amie.
Que celui qui vous reprochera une conduite déshonnête
Se garde de moi comme d'un ennemi !
2840 - Sire," *reprend Iseut,* "merci infiniment !
Me voici très heureuse;
Vous m'avez guidée sur la voie du bonheur."

Ils ont tant chevauché et les autres aussi,
2844 *Qu'ils peuvent échanger un salut.*
Le roi s'avance très fièrement
A une portée d'arc de sa suite et
Accompagné, je crois, de Dinas de Dinan.
2848 *Tristran tient par la bride le cheval*
De la reine et la conduit vers lui.
Il salue le roi comme il sied :
"Roi, je vous rends la noble Iseut;
2852 Jamais on ne restitua bien plus précieux.
Je vois ici les hommes de votre terre;
Je veux vous demander, devant eux,
La permission de me disculper
2856 Et de prouver devant votre cour
Que jamais je n'eus avec elle de commerce amoureux,
Ni elle avec moi, aucun jour de ma vie.
On vous a fait accroire des mensonges;
2860 Mais, que Dieu m'accorde joie et bienfaits,
Jamais il n'y eut de jugement,
Par un combat à pied ou d'une autre manière.
Si je me soumets à votre volonté, qu'on me brûle
2864 Dans le soufre devant votre cour, si je suis reconnu coupable.

Mais, si je puis en sortir sain et sauf,
Qu'il n'y ait chevelu ni chauve . . .
Retenez-moi à votre service
2868   Ou je m'en irai en Loenois."
            Le roi s'entretient avec son neveu.
        Andret, qui est natif de Lincoln,
        Lui dit : "Roi, engagez-le donc;
2872   *On vous en craindra et redoutera davantage."*
        Il est bien près d'y consentir :
        Son coeur s'est fortement attendri.
        Le roi le prend à part
2876   *Et laisse la reine avec Dinas*
        Qui est très sincère et loyal,
        Et accoutumé à se conduire avec honneur.
        Il s'amuse et plaisante avec la reine
2880   *Et lui ôte des épaules son manteau,*
        Qui est de somptueuse écarlate.
        Elle porte une tunique
        Sur un ample bliaut de soie.
2884   *Que vous dirais-je de son manteau ?*
        Jamais l'ermite qui l'acheta
        N'en regretta le prix élevé.
        Sa robe est riche, son corps gracieux,
2888   *Ses yeux sont vairs et les cheveux dorés.*
        Le sénéchal plaisante avec elle
        Au grand déplaisir des trois barons;
        Maudits soient-ils, ils sont trop méchants !
2892   *Déjà, ils se rapprochent du roi.*
        "Sire", *disent-ils,* "écoutez-nous;
        Nous vous donnerons un conseil utile.
        La reine a encouru un blâme
2896   Et elle s'est enfuie hors de votre pays.
        S'ils sont de nouveau réunis à votre cour,
        On dira bientôt, nous semble-t-il,
        Que l'on tolère leur félonie;
2900   Rares seront ceux qui ne le diront pas.
        Laissez Tristan quitter votre cour;
        Et, quand une année sera écoulée
        Et que vous serez assuré

2904	De la fidélité d'Iseut, faites dire
	A Tristran de revenir vers vous.
	Voilà ce que nous vous conseillons de bonne foi."
	Le roi répond : "Quoi qu'on dise,
2908	*Je ne ferai pas fi de vos conseils."*
	Les barons reviennent
	Et au nom du roi annoncent sa décision.
	Quand Tristran entend qu'il n'y a pas de répit pour lui
2912	*Et que le roi veut qu'il s'en aille,*
	Il prend congé de la reine.
	Ils se regardent tendrement.
	La reine rougit;
2916	*Elle a honte devant l'assemblée.*
	Tristran s'en va, je pense;
	Dieu ! Il rend bien des coeurs tristes, ce jour-là !
	Le roi demande où il se rendra;
2920	*Il lui donnera tout ce qu'il voudra*
	Et met à sa disposition, en quantité,
	Or et argent, vair et gris.
	Tristran dit : "Roi de Cornouailles,
2924	Je n'en prendrai pas un sou;
	C'est avec grand plaisir que je rejoins aussi vite
	Que possible le riche roi qui est en guerre."
	Tristran a une fort belle escorte,
2928	*Composée des barons et du roi Marc;*
	Tristran fait route vers la mer.
	Iseut le suit des yeux;
	Aussi longtemps qu'il est en vue,
2932	*Elle reste immobile.*
	Tristran s'éloigne et ceux qui l'ont escorté
	Quelque temps s'en retournent.
	Dinas l'accompagne encore,
2936	*Il l'embrasse souvent et le prie*
	De lui revenir sain et sauf.
	Ils se sont tous deux juré fidélité.
	"Dinas, écoute-moi un instant :
2940	Je pars d'ici, tu sais pourquoi;
	Si je te fais demander, par Governal,
	Un service urgent,

Apportes-y tes soins comme il convient."

2944   *Ils se sont embrassés plus de sept fois.*
  Dinas le conjure de ne pas avoir crainte;
  Qu´il fasse connaître sa volonté : il s´occupera de tout.
  Il dit que ce sont de nobles adieux . . .

2948   *Mais, par la foi qu´il a donnée,*
  Il la gardera auprès de lui.
  Il ne le ferait certes pas pour le roi.
  Sur ce, Tristran le quitte.

2952   *Tous deux sont tristes en se séparant.*
      Dinas rejoint le roi
  Qui l´attend dans la lande.
  Maintenant les barons chevauchent

2956   *Vers la cité à bride abattue.*
  Tous les habitants sortent de la ville;
  Ils sont plus de quatre mille,
  Hommes, femmes et enfants,

2960   *A manifester, qui pour Iseut,*
  Qui pour Tristran, une joie débordante.
  Les cloches sonnent dans la cité.
  Quand ils apprennent que Tristran s´en va,

2964   *Il n´en est pas un qui n´en éprouve du chagrin.*
  Mais ils se réjouissent de voir Iseut
  Et se mettent en frais pour lui plaire.
  Car, sachez-le, il n´est pas de rue

2968   *Qui ne soit tendue de brocarts;*
  Et ceux qui n´en possèdent pas ont pendu des tentures.
  Sur le passage de la reine
  La route est bien jonchée.

2972   *Ils montent par la chaussée*
  Vers l´église Saint-Samson;
  La reine et tous les barons
  S´y rendent tous ensemble.

2976   *Evêque, clercs, moines et abbés*
  Sortent tous à sa rencontre,
  Vêtus d´aubes et de chapes.
  La reine met pied à terre;

2980   *Elle porte une pourpre bleu foncé.*
  L´évêque la prend par la main

Et la conduit dans l'église;
On la mène tout droit à l'autel.

2984 Dinas, le preux, qui est un baron accompli,
Lui apporte un vêtement
Qui vaut bien cent marcs d'argent,
Un riche drap de soie tissé d'or

2988 Tel que n'en eut jamais ni comte ni roi.
La reine Iseut le prend
Et le dépose sur l'autel, avec générosité.
On en a fait une chasuble,

2992 Qui ne sort jamais du trésor
Si ce n'est aux grandes fêtes de l'année.
Elle se trouve toujours à Saint-Samson,
D'après ceux qui l'ont vue.

2996 Là-dessus elle sort de l'église.
Le roi, les princes et les comtes
L'emmènent dans l'imposant palais.
Il y a ce jour-là de grandes réjouissances.

3000 On n'interdit la porte à personne :
Tout le monde peut venir manger,
On ne refuse personne.
Tous, ce jour-là, lui rendent hommage;

3004 Le jour de son mariage,
On ne lui a pas fait autant d'honneur
Qu'aujourd'hui.
Le même jour, le roi affranchit cent serfs

3008 Et donne armes et hauberts
A vingt damoiseaux qu'il adoube.
          Ecoutez maintenant ce que Tristran va faire.
Tristran s'en va, restitution faite.

3012 Il quitte la grand-route et emprunte un sentier;
A force de parcourir sentes et chemins,
Il gagne secrètement
La demeure du forestier.

3016 Orri l'introduit clandestinement
Dans la grande cave;
Il lui procure tout ce dont il a besoin.
Orri est extrêmement accueillant.

3020 Il attrape sangliers et laies au filet,

Sur ses terrains de chasse il prend grands cerfs
Et biches, daims et chevreuils; il n'est pas chiche,
Et donne beaucoup à ses serviteurs.
3024 Il demeure avec Tristran
Dans la cachette souterraine.
Tristran reçoit des nouvelles de son amie
Par Perinis, le jeune homme complaisant.

LE SERMENT A LA BLANCHE LANDE

3028   *Parlons des trois félons, que Dieu les maudisse !*
Par leur faute, le roi a été fort tourmenté,
Lui qui s'était brouillé avec Tristran.
Un mois entier ne s'est pas écoulé
3032   *Lorsque le roi Marc va chasser,*
Accompagné des traîtres.
Ecoutez ce qu'ils manigancent ce jour-là.
En une lande, quelque part,
3036   *Les paysans ont brûlé un essart.*
Le roi s'est arrêté dans le brûlis
Et écoute les cris de ses braves chiens.
Les trois barons s'approchent
3040   *Et s'adressent au roi en ces termes :*
"Roi, écoutez-nous.
Si la reine a été coupable d'égarement,
Elle ne s'est jamais justifiée.
3044   On l' interprète comme une lâcheté de votre part.
Les barons de votre pays
Vous ont maintes fois sollicité à ce sujet;
Ils souhaitent qu'elle fasse la preuve
3048   Qu'elle n'a jamais accordé son amour à Tristran.
Elle doit se disculper et prouver que l'on ment.
Incitez-la à subir un jugement
Et sollicitez-la tout à l'heure,
3052   En privé, en vous couchant;
Si elle refuse de se justifier,
Faites-lui quitter votre empire."
A ces mots, le roi devient tout rouge :
3056   "Par Dieu, seigneurs Cornouaillais, voici longtemps déjà
Que vous ne cessez de la dénoncer.
Je l'entends accuser ici d'une chose
Qui aurait bien pu demeurer sans suite.
Que la reine retourne en Irlande !

Que lui voulez-vous tous ?
Tristran n´a-t-il pas proposé de la défendre ?
3064 Mais vous n´avez pas osé prendre les armes.
Par votre faute il est exilé.
Vous m´avez totalement trompé :
Je l´ai chassé, et je devrais maintenant chasser ma femme ?
3068 Cent fois maudite soit la bouche
De celui qui m´a demandé son départ !
Par saint Etienne le martyr,
Vous exigez trop de moi, j´en suis excédé.
3072 Je m´étonne que l´on s´acharne ainsi :
S´il a mal agi, il en pâtit.
Vous n´avez cure de mon bonheur;
Avec vous je ne puis plus connaître de paix.
3076 Par saint Trechmor de Carhaix,
Je vous invite à prendre une décision;
Avant que mardi ne soit passé -
C´est aujourd´hui lundi - vous le verrez.”
3080 *Le roi les a tant effrayés qu´il ne leur reste*
D´autre parti que de prendre la fuite.
Le roi Marc ajoute : “Que Dieu vous détruise,
Vous qui ne cherchez que ma honte !
3084 Vous n´en tirerez certes nul profit :
Je rappellerai l´homme
Que vous avez chassé. ”
Voyant le roi mécontent,
Ils mettent tous trois pied à terre
3088 *Sur un tertre dans la lande;*
Ils laissent le roi, courroucé, dans le champ.
Ils disent entre eux : “Que faire ?
3092 Le roi Marc est fort mal disposé.
Bientôt il enverra chercher son neveu,
Il ne tiendra ni promesse ni voeu.
S´il revient ici, c´en sera fini de nous.
Il ne rencontrera aucun de nous trois
3096 En forêt ou sur le chemin,
Sans le saigner à blanc.
Disons au roi qu´il aura la paix maintenant
3100 Et que nous ne lui en parlerons plus jamais.”

Le roi est resté au milieu de l'essart;
Ils s'y rendent, mais il les renvoie aussitôt,
Car il ne se soucie plus de leurs discours.
3104 *Par la loi qu'il tient de Dieu, il jure*
Tout doucement, entre ses dents :
C'est pour leur malheur qu'ils ont engagé cet entretien.
S'il avait en ce moment la force avec lui,
3108 *Il les ferait arrêter tous les trois, se dit-il.*
"Sire," *font-ils,* "écoutez-nous :
Vous êtes contrarié et courroucé
Parce que nous touchons à votre honneur.
3112 Il est de notre devoir de conseiller
Notre seigneur - et vous nous en savez mauvais gré.
3116 Que celui qui vous hait, soit maudit
Dans tout ce qu'il a sous son baudrier;
Certes, c'est pour son malheur qu'il se brouillera avec vous.
Il devra s'en aller. Mais nous, qui sommes vos féaux,
Nous vous avons donné un avis sincère.
Puisque vous ne nous croyez pas, agissez à votre guise;
3120 Nous nous tairons désormais.
Pardonnez-nous de vous avoir déplu."
Le roi écoute sans dire mot.
Il s'est accoudé sur son arçon,
3124 *Sans se tourner vers eux :*
"Seigneurs, il y a très peu de temps
Vous avez entendu la défense
Faite par mon neveu à propos de ma femme;
3128 Mais vous n'avez pas voulu saisir vos boucliers.
Vous cherchez à mettre pied à terre :
Je vous interdis désormais tout combat.
Maintenant déguerpissez de mes terres.
3132 Par saint André que l'on va prier
Outre-mer, jusqu'en Ecosse,
Vous m'avez fait au coeur une plaie
Qui ne se fermera pas avant un an :
3136 C'est à cause de vous que j'ai banni Tristran."
Devant lui viennent se placer les félons :
Godoïne, Ganelon et
Le perfide Denoalen.

3140 *A eux trois ils l'entreprennent,*
Mais ils ne peuvent arriver à un arrangement;
Le roi s'en va sans plus tarder.
Ils le quittent en nourrissant de noirs desseins;
3144 *Ils ont des châteaux forts entourés de palissades*
Sis sur le roc et sur des hauteurs.
Si l'affaire n'est pas arrangée,
Ils causeront des ennuis à leur suzerain.
3148 *Le roi ne s'est pas attardé,*
Il n'attend ni chiens, ni veneurs.
Il met pied à terre à Tintagel,
Devant sa tour, et entre.
3152 *Nul ne connaît ni ne voit son humeur.*
L'épée ceinte, il entre dans ses appartements.
Iseut se lève à son entrée,
Vient à sa rencontre et prend son épée,
3156 *Puis s'assied aux pieds du roi.*
Il lui prend la main et la relève.
La reine s'incline devant lui;
Elle lève les yeux sur son visage
3160 *Et lui voit une expression cruelle et féroce.*
Elle s'aperçoit qu'il est contrarié
Et qu'il est venu sans escorte.
"Helas," *fait-elle,* "mon ami
3164 A été découvert et mon époux l'a arrêté ! "
Elle murmure cela entre ses dents.
Le sang lui monte
Rapidement au visage,
3168 *Son coeur se glace dans sa poitrine;*
Devant le roi, elle tombe à la renverse,
Pâmée, le teint blême . . .
Qu'il la relève dans ses bras,
3172 *Lui donne un baiser et l'enlace;*
Il pense que quelque mal l'a frappée.
Quand elle sort de son évanouissement :
"Ma chère amie, qu'avez-vous ? ", *dit-il.*
3176 - Sire, j'ai peur. - Ne craignez rien ! "
Quand elle l'entend la tranquilliser,
Ses couleurs reviennent, elle se calme;

La voici rassérénée.
3180 *Elle parle gentiment au roi :*
"Sire, je vois à votre expression
Que vos chasseurs vous ont contrarié.
Vous ne devez pas vous tourmenter pour une chasse."
3184 *Le roi rit en l'entendant, il la prend dans ses bras*
Et lui dit : "Amie, j'ai auprès de moi,
Depuis toujours, trois félons
A qui ma réussite déplaît.
3188 Si je ne les démasque et
Ne les expulse de mon royaume,
Les félons ne craindront plus jamais mes représailles.
Ils m'ont suffisamment mis à l'épreuve
3192 Et je ne leur ai que trop cédé ;
Il n'est plus question de changer d'avis.
A cause de leurs discours mensongers,
J'ai éloigné de moi mon neveu ;
3196 Leurs propositions ne m'intéressent plus.
Bientôt il reviendra et
Me vengera des trois félons ;
Par lui ils seront pendus."
3200 *La reine l'a écouté :*
Elle crierait bien, mais elle n'ose.
Elle est sage, aussi se maîtrise-t-elle
Et dit : "Dieu a accompli un miracle :
3204 Mon seigneur s'est emporté contre ceux
Qui ont fait naître le scandale.
Je prie Dieu qu'ils soient couverts de honte."
Elle dit cela à voix basse pour que nul ne l'entende.
3208 *La belle Iseut qui sait s'exprimer,*
Dit au roi sans ambages :
"Sire, quel mal ont-ils dit de moi ?
Chacun est libre de dire ce qu'il pense.
3212 Hormis vous, je n'ai pas de défenseur ;
C'est pour cela qu'ils cherchent à me nuire.
Puisse Dieu, le père spirituel,
Leur faire encourir la pire des malédictions !
3216 Ils m'ont tant de fois fait trembler !
- Dame," *fait le roi,* "écoutez-moi :

Trois de mes barons les plus estimés
M'ont quitté en colère.
3220 - Sire, pourquoi ? Pour quelles raisons ?
-Ils vous accusent.   - Sire, de quoi ?
- Je vais vous le dire, " *répond le roi,*
"Vous ne vous êtes pas justifiée en ce qui concerne Tristran.
3224 Et si je le fais ? - Et ils m'ont dit . . .
Car ils me l'ont dit.   - Je suis prête à le faire.
- Quand le ferez-vous ? Aujourd'hui même ?
- Donnez un bref délai.   - C'est encore fort long.
3228 - Sire, par Dieu et son saint nom,
Ecoutez-moi et conseillez-moi.
Que signifie ceci ?   Il est étonnant
Qu'ils ne me laissent un moment en paix !
3232 Que Dieu m'assiste, jamais
Je ne leur présenterai d'autre justification
Que celle que j'aurai proposée moi-même.
Si je prêtais serment pour eux,
3236 A votre cour, sire, devant vos gens,
Avant trois jours ils me réclameraient
Une autre justification.
Roi, je n'ai en ce pays nul parent
3240 Qui, en raison de ma détresse, puisse
Provoquer une guerre ou une révolte;
Ce qui m'arrangerait cependant fort bien.
Je ne me soucie plus de leurs radotages.
3244 S'ils exigent un serment de ma part
Ou s'ils veulent une épreuve judiciaire,
Ils n'en réclameront pas de si pénible -
Qu'ils en fixent déjà la date - que je ne puisse l'accomplir.
3248 Au jour dit, le roi Arthur et sa suite
Seront présents sur la place même;
Si je suis innocentée devant lui
Et que, par la suite, on veuille me calomnier,
Ceux qui auront assisté à mon plaidoyer
3252 Seront disposés à me défendre,
Que ce soit contre un Cornouaillais ou un Saxon.
Voilà pourquoi il me plaît qu'ils soient présents
3256 Et qu'ils voient ma défense de leurs propres yeux.

Si le roi Arthur est sur place
Avec son neveu, le très courtois Gauvain,
Avec Girflet et le sénéchal Keu -
3260 Le roi a bien cent vassaux qui
Ne feront pas défaut, quoi qu'ils entendent -
Ils se battront à cause des calomnies.
Roi, pour cette raison il convient
3264 Que mon bon droit soit établi devant eux.
Les Cornouaillais sont médisants
Et tricheurs de plus d'une façon.
Fixez une date et faites-leur savoir
3268 Que vous voulez que tous, pauvres et riches,
Soient à la Blanche Lande.
Affirmez solennellement que vous confisquerez
L'héritage de ceux qui n'y seront pas;
3272 Ainsi vous serez quitte d'eux.
Je suis intimement convaincue
Que le roi Arthur viendra
Dès qu'il lira mon message;
3276 Je connais son bon coeur depuis longtemps."
Le roi répond : "J'approuve vos paroles."
Alors, on annonce dans tout le pays
La date du jugement, à quinze jours de là.
3280 *Le roi en informe les trois natifs de Cornouailles,*
Qui ont quitté la cour de méchante humeur;
Ils en sont fort heureux, quelle que soit l'issue.
A présent tous savent par la contrée
3284 *La date fixée pour l'assemblée*
Et que le roi Arthur sera présent,
Accompagné de la plupart
Des chevaliers de sa cour.
3288 *Iseut ne perd pas une minute;*
Par Perinis, elle fait connaître à Tristran
Toutes les difficultés et les souffrances
Qu'elle a supportées pour lui cette année;
3292 *Que ces bienfaits lui soient maintenant rendus !*
Il peut lui rendre la paix, s'il veut :
"Dis-lui de se rappeler le marécage
A l'entrée du pont de planches, au Mal Pas :

3296　　J´y ai un jour un peu souillé ma robe.
　　　　Qu´il se trouve sur la butte, à l´extrémité de la passerelle,
　　　　Un peu de ce côté de la Lande Blanche,
　　　　Déguisé en lépreux.
3300　　Qu´il emporte un gobelet de bois
　　　　Et y suspende une bouteille,
　　　　Attachée par une courroie nouée;
　　　　Que de l´autre main il tienne une béquille
3304　　Et qu´il sache en quoi consiste la ruse :
　　　　Le moment venu, il s´assiéra sur la butte,
　　　　La figure fortement tuméfiée;
　　　　Il tendra le gobelet devant lui
　　　　Et demandera l´aumône en toute simplicité
3308　　A ceux qui passeront par là.
　　　　Ils lui donneront or et argent;
　　　　Qu´il me garde l´argent jusqu´à ce que je le voie
3312　　En privé, tranquillement dans ma chambre."
　　　　Perinis dit : "Dame,
　　　　Je le lui dirai confidentiellement."
　　　　　　　Perinis prend congé de la reine.
3316　　*Il entre dans la forêt en traversant un taillis*
　　　　Et s´en va tout seul par le bois.
　　　　A la soirée, il arrive au refuge
　　　　De Tristran, dans la grande cave.
3320　　*Ils viennent de sortir de table.*
　　　　Tristran est heureux de sa venue :
　　　　Il sait bien que le brave garçon
　　　　Lui apporte des nouvelles de son aimée.
3324　　*Ils se prennent par la main*
　　　　Et s´asseyent sur un siège élevé.
　　　　Perinis lui transmet en entier
　　　　Le message de la reine.
3328　　*Tristran se penche un peu vers le sol*
　　　　Et jure par tout ce qui est en son pouvoir :
　　　　Ils ont conçu ce projet pour leur malheur;
　　　　Le sort en est jeté : il leur en coûtera la tête
3332　　*Et ils seront pendus haut et court.*
　　　　"Dis à la reine mot pour mot :
　　　　J´irai à la date fixée, qu´elle en soit assurée;

Qu´elle se réjouisse, se porte bien et prenne courage.

3336 Je ne prendrai plus de bain chaud
Avant d´avoir tiré vengeance, par l´épée,
De ceux qui l´ont tourmentée;
Ce sont vraiment des traîtres et des félons.

3340 Dis-lui que j´ai pris toutes mes dispositions
Pour la garantir des effets du serment;
Je la verrai très bientôt.

Va, et dis-lui de ne pas s´inquiéter;

3344 J´irai au procès, qu´elle n´en doute pas,
Déguisé en truand.

Le roi Arthur me verra bien,
Assis à l´entrée du Mal Pas,

3348 Mais il ne me reconnaîtra pas : j´aurai son aumône,
Si je peux lui en soutirer une.

Tu peux raconter à la reine
Ce que je t´ai dit dans le souterrain, que l´on

3352 A construit si vaste avec des pierres.
Porte-lui de ma part plus de saluts
Qu´il n´y a de bourgeons sur un arbre de mai.

- Je le lui dirai bien", *répond Perinis.*

3356 *Il sort en montant les marches :*
"Je m´en vais chez le roi Arthur, beau sire.
Je dois lui transmettre ce message :
Qu´il vienne assister au serment et

3360 Qu´il amène cent chevaliers,
Qui se porteront ensuite garants
De la dame, si les félons
Emettent des doutes sur sa loyauté.

3364 N´est-ce pas bien ainsi ? - Que Dieu t´accompagne."
Il monte les marches d´une traite,
Enfourche son coursier et s´éloigne.
Il ne cessera d´éperonner

3368 *Jusqu´à Caerleon.*
Il s´est mis fort en peine pour rendre service :
Il devrait en être d´autant mieux récompensé.
Il s´informe tant et si bien du roi

3372 *Qu´on lui donne de bonnes et agréables nouvelles :*
Ce dernier se trouve à Isneldone.

Le page d´Iseut la belle
Prend la route qui y conduit.

3376 *A un berger qui joue du chalumeau*
Il demande : "Où est le roi ?
- *Sire*," *fait-il*, "il est assis sur l´estrade.
Vous verrez la Table Ronde,

3380 Qui tourne comme le monde;
Sa suite est assise tout autour."
Perinis dit : "J´y vais."
Le jeune homme descend de cheval au perron

3384 *Et entre aussitôt.*
Il y a là de nombreux fils de comtes
Et fils de riches vavasseurs,
Qui tous servent pour être adoubés.

3388 *L´un d´eux s´écarte comme pour s´enfuir;*
Il s´approche du roi qui l´interpelle :
"Eh bien, d´où viens-tu ? - J´apporte des nouvelles :
Il y a dehors un cavalier

3392 Qui vous demande d´urgence."
Sur ce, voici venir Perinis;
Suivi des regards de maints marquis,
Il s´avance vers l´estrade

3396 *Où sont assis le roi et tous les barons.*
Le jeune homme parle avec assurance :
"Dieu protège le roi Arthur
Et toute sa compagnie," *fait-il,*

3400 "C´est le souhait de son amie, la belle Iseut ! "
Le roi se lève de table :
"Que le Dieu du ciel," *fait-il,*
"La protège et la garde, ainsi que toi, mon ami !

3404 Dieu ! " *dit le roi,* "comme j´ai souhaité
Recevoir ne fût-ce qu´un seul message d´elle !
Jeune homme, devant mes barons ici présents,
Je lui accorde tout ce que tu demandes.

3408 Toi et deux autres serez faits chevaliers
A l´occasion du message de la plus belle
Qui soit d´ici jusqu´à Tudela.
- Sire, " *dit-il,* "je vous remercie !

3412 Apprenez la raison de ma venue;

Que ces barons m´écoutent
Et spécialement messire Gauvain.
La reine s´est réconciliée
3416 Avec son époux, ce n´est pas un secret;
Tous les barons du royaume, sire,
Assistèrent à la réconciliation.
Tristran s´offrit à disculper la reine
3420 Et à prouver sa loyauté
Devant le roi;
Mais nul ne voulut prendre les armes
Pour contester cette loyauté.
3424 Maintenant, sire, on laisse entendre au roi Marc
Qu´il doit exiger une justification de sa part.
Mais il n´y a pas à la cour du roi de gentilhomme,
Français ou Saxon, qui soit de son lignage.
3428 J´entends dire que celui dont on
Soutient le menton, nage facilement.
Roi, si je mens à ce sujet,
Traitez-moi de mauvaise langue.
3432 Le roi manque de constance dans ses opinions,
Tantôt il pense ceci, tantôt cela.
La belle Iseut lui a répondu
Qu´elle se justifierait devant vous;
Elle vous prie et vous supplie,
En tant que votre chère amie,
De vous trouver à la date fixée
3436 Devant le Gué Aventureux,
3440 Avec cent de vos amis.
Elle sait que votre cour est très loyale
Et votre maison sincère.
Devant vous, elle sera innocentée;
3444 Que Dieu la protège de tout malheur !
Car, puisque vous seriez son garant,
Vous ne lui feriez défaut en aucune façon.
La date est fixée à aujourd´hui en huit."
3448 *Cela leur fait verser de grosses larmes;*
Il n´en est pas un dont le visage
Ne soit baigné de pleurs compatissants.
"Dieu ! " *s´exclame chacun,* "qu´exigent-ils d´elle ?

3452 Le roi fait ce qu´ils ordonnent et
Tristan s´exile du pays.
Qu´il n´entre jamais au paradis,
Celui qui n´ira pas l´aider
3456 Comme il convient, si tel est le bon plaisir du roi ! ”
Gauvain se lève et
Dit fort courtoisement :
“Oncle, si vous m´octroyez votre permission,
3460 Le jugement qui doit avoir lieu
Tournera au désavantage des trois félons.
Ganelon est le plus perfide;
Je le connais bien et il me connaît.
3464 Je l´ai jeté un jour dans un bourbier
Lors d´un tournoi âpre et important.
Si je le tiens de nouveau, par saint Riquier,
La présence de Tristan ne sera pas nécessaire.
3468 Si je pouvais le tenir entre les mains,
Je lui ferais passer un mauvais quart d´heure
Et je le ferais pendre sur une colline élevée.”
Girflet se lève après Gauvain
3472 *Et ils approchent la main dans la main.*
“Roi, Denoalen, Godoïne et Ganelon
Détestent la reine
Depuis très longtemps.
3476
3480 Que Dieu me fasse perdre la raison
Et que je n´embrasse plus de belles dames
Sous la couverture, derrière la courtine,
Si, rencontrant Godoïne,
Le fer de ma grande lance de frêne
Ne le transperce de part en part.”
A ces mots, Perinis incline la tête vers lui.
Ivain, le fils d´Urien, parle alors :
3484 “Je connais bien Denoalen :
Il ne pense qu´a calomnier
Et sait bien manoeuvrer le roi.
Je lui en dirai tant qu´il me croira.
3488 Si je le trouve sur ma route,
Comme cela s´est produit une fois,
Que foi ni loi ne me retiennent

3492 De le pendre de mes propres mains,
S´il ne peut se défendre contre moi.
Un félon doit être durement châtié.
Ces calomniateurs se jouent du roi."
Perinis dit au roi Arthur :
3496 "Sire, je suis persuadé
Que les félons qui ont cherché querelle
A la reine, recevront une volée de coups.
Jamais, à votre cour, on n´a menacé
3500 Un homme d´un lointain royaume
Sans que vous n´y ayez mis un terme;
Et lorsque vous les départagiez, ceux
Qui l´avaient mérité, s´en trouvaient fort chagrins."
3504 *Le roi est flatté, il en rougit un peu :*
"Jeune homme, allez manger.
Ceux-ci penseront à la venger."
Le roi ressent une grande joie dans son coeur
3508 *Et dit, pour que Perinis l´entende :*
"Noble et honorable compagnie,
Veillez à ce que pour le jour de la rencontre
Vos chevaux soient tous bien nourris,
3512 Vos boucliers fourbis, vos vêtements riches.
Nous jouterons devant la belle
Dont vous avez tous entendu le message.
Il tiendra bien peu à la vie,
3516 Celui qui hésitera à prendre les armes."
Le roi les a tous priés de venir;
Ils regrettent que le jour soit encore si loin
Et voudraient que ce soit le lendemain.
3520 *Revenons au gentilhomme de bonne naissance.*
Perinis demande son congé.
Le roi enfourche Passelande,
Car il veut escorter le jeune homme.
3524 *Ils suivent la route tout en devisant;*
Tous leurs propos concernent la belle
Pour qui il fera voler des lances en éclats.
Avant de terminer leur entretien,
3528 *Le roi offre à Perinis*
L´équipement de chevalier,

Mais celui-ci ne veut pas encore le recevoir.
Le roi l'accompagne quelque temps
3532 *En l'honneur de la belle et noble dame blonde*
Dont le coeur ne recèle aucune méchanceté;
Ils parlent beaucoup d'elle en cheminant.
Le jeune homme a une belle escorte, composée
3536 *De chevaliers et du noble roi;*
C'est à regret qu'ils se séparent.
Le roi lui crie : "Cher ami,
Partez sans tarder.
3540 Saluez votre dame
De la part de son dévoué serviteur,
Qui vient vers elle pour établir la paix.
Je ferai tout ce qu'elle désire,
3544 Pour elle, je déploierai tout mon zèle;
Elle pourra accroître grandement mon mérite.
Rappelez-lui le lancer du javelot,
Qui s'enfonça dans le poteau ;
3548 Elle saura bien où cela eut lieu.
Je vous prie de lui rapporter ces paroles.
- Roi, je n'y manquerai pas, je vous le promets."
Sur ce il éperonne son coursier
3552 *Et le roi prend le chemin du retour.*
Perinis s'éloigne; il a délivré son message
Après s'être donné tant de mal
Pour servir la reine.
3556 *Il chevauche aussi vite que possible*
Et ne se repose pas un jour
Avant d'être revenu à son point de départ.
Il raconte son équipée
3560 *A celle qui en est fort heureuse,*
Et parle du roi Arthur et de Tristran.
Ils passent cette nuit-là à Lidan.
        Cette nuit-là, la lune est à son dixième jour.
3564 *Que vous dirais-je ? Le jour approche*
Où la reine devra se justifier.
Tristran, son ami, n'est pas inactif.
Il revêt un costume bigarré :
3568 *Il porte un vêtement de laine, sans chemise;*

Sa tunique est faite de bure grossière
Et ses bottes sont rapiécées.
3572 Il s'est fait tailler un ample manteau
De bure, tout noirci par la fumée.
Il s'est fort bien déguisé
Et ressemble plus que quiconque à un lépreux.
Néanmoins, il porte son épée
3576 Etroitement nouée à son côté.
Tristran quitte secrètement
Son logis, avec Governal,
Qui le met en garde en ces termes :
3580 "Sire Tristran, ne faites pas le sot;
Faites attention à la reine,
Car elle ne vous fera aucun signe.
- Maître," fait-il, "j'y songerai.
3584 Veillez à faire ce que je désire,
Car je crains fort d'être reconnu :
Prenez mon bouclier et ma lance,
Apportez-les moi et bridez
3588 Mon cheval, maître Governal;
Si besoin est, soyez au gué,
Prêt mais embusqué.
Vous savez bien de quel gué il s'agit,
3592 Il y a longtemps que vous le connaissez.
Le cheval est blanc comme neige :
Couvrez-le bien entièrement,
Qu'il ne soit reconnu
3596 Ni remarqué par personne.
Arthur sera là avec ses gens
Et le roi Marc pareillement.
Ces chevaliers étrangers
3600 Jouteront pour se couvrir de gloire;
Pour l'amour d'Iseut, ma mie,
J'y montrerai peut-être quelque hardiesse;
Qu'à ma lance flotte le pennon
3604 Dont la belle m'a fait présent.
Allez maintenant, maître, je vous prie instamment
D'agir avec la plus grande prudence."
Il prend son gobelet et sa béquille,

3608   *Puis demande et obtient son congé.*
Governal se rend à son logis,
Prend son équipement sans plus,
Puis se met promptement en route,
3612   *Prenant soin de passer inaperçu.*
Il fait bonne route et vient s'embusquer
Non loin de Tristran, au Mal Pas.
3616   *Tristran s'assied sans plus de façons*
Sur la butte, au bout du marais.
Devant lui, il plante son bourdon,
Attaché à une corde
Qu'il s'est mise autour du cou.
3620   *Autour de lui, il y a des bourbiers;*
Il s'installe bien sur la butte.
Il ne ressemble pas à un infirme,
Car il est fort et bien bâti;
3624   *Il n'est ni nain, ni difforme, ni bossu.*
Il entend la foule proche et s'assied là.
Sa figure est bien boursouflée.
Quand quelqu'un passe devant lui,
3628   *Il crie d'un ton plaintif :* "Malheur à moi !
Je ne pensais pas que je deviendrais mendiant
Et que j'exercerais un jour ce métier.
Mais à présent, nous n'en pouvons plus faire d'autre."
3632   *Tristran leur fait sortir leurs bourses, car*
Il s'y prend si bien que tout le monde lui donne.
Il reçoit leurs aumônes sans que personne ne proteste.
Tel qui a été mignon pendant sept ans
3636   *Ne sait pas aussi bien soutirer des profits.*
Même aux valets de pied
Et aux individus les plus mal famés
Qui vont cherchant pitance le long du chemin,
3640   *Tristran, le front baissé,*
Demande l'aumône au nom du Seigneur.
Les uns la lui donnent, les autres le frappent;
Les valets fripons, les misérables
3644   *Le traitent de mignon, de vaurien.*
Tristran écoute sans dire mot;
Je le leur pardonne, se dit-il, pour l'amour de Dieu.

Les vilains, qui sont pleins de méchanceté,
3648 Le houspillent et il se maîtrise;
Ils le traitent de truand et de vaurien
Et il les escorte avec sa béquille :
Il en fait saigner plus de quatorze,
3652 Si fort qu´ils ne peuvent étancher le sang.
Les nobles pages de bonne famille
Lui donnent des ferlins ou
Des mailles sterling : il les accepte
3656 Et leur dit qu´il boira à la santé de tous -
Un tel feu brûle en son corps
Qu´il parvient à peine à l´éteindre.
Tous ceux qui l´entendent parler ainsi
3660 Se prennent à pleurer de pitié;
En le voyant, ils ne doutent nullement
Qu´il ne soit lépreux.
       Valets et écuyers songent
3664 A se trouver rapidement un logement
Et à dresser les tentes de leurs seigneurs,
Des pavillons de toutes les couleurs.
Il n´est pas de grand seigneur qui n´y ait sa tente.
3668 A fond de train, par les chemins et les sentiers,
Suivent les chevaliers.
Il y a grande foule en ce marécage;
Ils l´ont défoncé et la boue est molle.
3672 Les chevaux y pataugent jusqu´aux flancs;
Beaucoup y tombent, s´en sort qui peut.
Tristran s´en moque et ne s´inquiète pas,
Au contraire, il leur dit à tous :
3676 "Tenez bien vos rênes par les noeuds
Et piquez ferme de l´éperon,
Donnez de l´ éperon, au nom du Ciel,
Car devant vous il n´y a pas de bourbier."
3680 Quand ils veulent tenter leur chance plus loin,
Le marais cède sous leurs pieds.
Tous ceux qui y entrent, s´embourbent,
Et qui n´a pas de bottes, s´en repent.
3684 Le lépreux tend la main;
Quand il en voit un se vautrer dans la boue,

Il agite sa crécelle avec ardeur.
Lorsqu´il le voit s´enfoncer davantage dans la fange,
3688   *Le lépreux s´écrie :* "Pensez à moi,
Pour que Dieu vous tire du Mal Pas !
Aidez-moi à me relnner ! "
De sa gourde il heurte son hanap.
3692   *Il les sollicite en un endroit bizarre;*
C´est par espièglerie qu´il le fait,
Pour que son amie, Iseut aux cheveux blonds,
3696   *S´en réjouisse en elle-même,*
Quand il la verra passer.
Il y a grand tumulte en ce Mal Pas;
Ceux qui le traversent, salissent leurs vêtements.
De loin on peut entendre les cris
3700   *Des gens que le marais salit.*
Quiconque y passe est en danger.
     Voici qu´arrive le roi Arthur.
Il vient regarder le gué,
3704   *Accompagné de plusieurs de ses barons;*
Ils craignent que le marais cède sous leurs pas.
Tous ceux de la Table Ronde
Sont arrivés au Mal Pas,
3708   *Avec des boucliers fourbis et des chevaux bien nourris,*
Portant chacun leurs armoiries distinctives.
Ils sont tous équipés de pied en cap,
Et on y arbore mainte étoffe de soie.
3712   *Ils sont en train de jouter devant le gué.*
Tristran reconnaît bien le roi Arthur
Et il l´appelle :
"Sire Arthur, roi, je suis malade,
3716   Couverts de plaies, lépreux, difforme et faible.
Mon père est pauvre, jamais il n´eut de terre.
Je suis venu ici pour demander la charité.
J´ai entendu dire beaucoup de bien de vous;
3720   Vous ne pouvez pas me repousser.
Vous êtes vêtu d´un beau drap gris
De Ratisbonne, je pense;
Sous la toile de Reims,
3724   Votre peau est blanche et lisse;

Je vois que vos jambes sont gainées
De riche brocart et d'un filet vert,
Et les guêtres sont d'écarlate.
3728 Roi Arthur, voyez-vous comme je me gratte ?
J'ai bien froid, même si d'autres ont chaud.
Pour l'amour du Ciel, donnez-moi ces guêtres."
Le noble roi a pitié de lui;
3732 *Deux damoiseaux le déchaussent.*
Le lépreux prend les guêtres,
Les emporte promptement,
Et se rassied sur la butte.
3736 *Le lépreux ne ménage aucun de ceux*
Qui défilent devant lui;
Il obtient de beaux vêtements en abondance
Tout comme les guêtres du roi Arthur.
3740   *Tristran s'assied près du marais.*
Il vient de s'y installer,
Quand le roi Marc, l'allure fière et conquérante,
Se dirige vers le bourbier d'une chevauchée rapide.
3744 *Tristran commence à l'entreprendre*
Pour obtenir quelque chose de lui.
Il agite sa crécelle de plus belle et
De sa voix rauque, il crie péniblement,
3748 *En respirant bruyamment par le nez :*
"Pour Dieu, roi Marc, un petit quelque chose ! "
Marc tire son chaperon et lui dit : "Tiens,
Frère, mets-le sur ta tête;
3752 Le temps t'a souvent fait souffrir.
- Sire," *fait-il,* "je vous remercie.
Maintenant vous m'avez protégé du froid."
Il a mis le capuchon sous le manteau,
3756 *En le pliant et le dissimulant de son mieux.*
"D'où es-tu, lépreux ? " *fait le roi.*
"De Caerleon, je suis fils de Gallois.
- Depuis combien de temps vis-tu séparé du monde ?
3760 - Sire, cela fait trois ans, sans exagérer.
Tant que j'étais en bonne santé,
J'avais une amie très courtoise.
C'est à cause d'elle que j'ai ces grandes plaies;

C´est elle qui me fait agiter, nuit et jour,
3764 Ces crécelles bien plates,
Et assourdir de leur bruit
Tous ceux à qui je demande un peu de leur bien,
3768 Pour l´amour de Dieu, le Créateur."
Le roi lui dit : "Ne me cache rien :
Comment ton amie t´a-t-elle donné cela ?
- Sire roi, son mari était lépreux.
3772 Je prenais mon plaisir avec elle :
Ce mal m´est venu de nos ébats.
Jamais il n´y en eut de plus belle qu´elle, sauf une.
- Qui est-ce ? - La belle Iseut;
3776 Elle s´habille de la même façon qu´elle."
A ces mots, le roi le quitte en riant.
Le roi Arthur, qui était en train de jouter,
Arrive de l´autre côté;
3780 *Il s´amuse on ne peut mieux.*
Arthur s´ informe de la reine.
"Elle vient," *fait Marc,* "par la forêt,
Sire roi, elle vient avec Andret;
3784 Il se charge de l´escorter."
L´un dit à l´autre : "Je ne sais
Comment elle pourra traverser ce Mal Pas.
Restons ici et guettons son arrivée ! "
3788   *Les trois félons, que le feu infernal les dévore,*
Arrivent au gué et demandent
Au lépreux où ont traversé
Ceux qui se sont le moins enlisés.
3792 *Tristran lève sa béquille*
Et leur indique une grande fondrière :
"Voyez cette tourbière derrière ce bourbier,
C´est là le bon chemin;
3796 J´en ai vu plusieurs passer par là."
Les félons entrent dans la boue
A l´endroit que le lépreux leur indique.
Ils trouvent de la vase en quantité incroyable :
Tous trois s´y enfoncent ensemble
3800 *Jusqu´à l´aube de leur selle.*
Le lépreux se tient sur la butte

| | Et leur crie : "Piquez ferme, |
| 3804 | Si vous êtes salis par la boue. |

Allez, seigneurs ! Par le saint Apôtre,
Que chacun de vous me donne quelque chose ! "
Les chevaux s'enfoncent dans le bourbier :
3808 *Les trois commencent à s'inquiéter*
Car ils ne touchent ni rive ni fond.
Ceux qui joutent sur la terre ferme,
Accourent rapidement.
3812 *Ecoutez comme le lépreux les égare :*
"Seigneurs," *dit-il à ces barons,*
"Tenez-vous bien à vos arçons.
Maudite soit cette boue si peu ferme !
3816 Otez ces manteaux de vos épaules,
Et traversez le marais à la brasse.
Je vous l'affirme, car je le sais avec certitude,
J'y ai vu passer des gens aujourd'hui."
3820 *Il fallait le voir alors frapper son hanap !*
Le lépreux, en agitant le hanap,
Frappe sa bosse de la courroie
Et, de l'autre main, joue de la cliquette.
3824 *A ce moment paraît Iseut la belle.*
Elle voit ses ennemis dans le bourbier,
Et son ami campé sur la berge;
Cela lui fait grand plaisir, elle rit et s'amuse.
3828 *Elle met pied à terre sur la rive.*
De l'autre côté se trouvent les deux rois
Et les barons qui les accompagnent.
Ils regardent ceux qui, dans le bourbier,
3832 *Se débattent, tantôt sur le flanc, tantôt sur le ventre.*
Le lépreux les presse :
"Seigneurs, la reine est venue
Pour présenter sa défense;
3836 Allez écouter le jugement."
Peu sont ceux qui n'en rient pas.
Voici que le lépreux, le disgracié,
S'adresse à Denoalen :
3840 "Agrippe-toi à mon bâton,
Tire avec force de tes deux mains."

Et il le lui tend aussitôt.
Le lépreux lui abandonne le bâton :
3844 *L'homme tombe à la renverse, entièrement submergé -*
On ne voit plus que ses cheveux hérissés.
Et quand on le retire de la fange,
Le malade lui dit : "Je n'en peux mais,
3848 J'ai les jointures et les muscles engourdis,
Les mains raidies par le mal d'Acre,
Et les pieds enflés par la goutte;
La maladie a miné mes forces et
3852 Mes bras sont comme de l'écorce."
Dinas se tient près de la reine.
Il voit ce qui se passe et lui fait un clin d'oeil;
Il sait bien que ce manteau cache Tristran.
3856 *Il voit les trois félons pris au piège.*
Cela le ravit et cela lui plaît
De les voir en mauvaise posture.
C'est à grand-peine et non sans tourment
3860 *Que les accusateurs sortent*
Du bourbier; assurément,
Il leur faudra prendre un bain pour être propres.
Ils se déshabillent devant tout le monde
3864 *Et abandonnent leurs vêtements pour en mettre d'autres.*
Mais revenons au noble Dinas,
Qui se trouve de l'autre côté du Mal Pas.
Il s'adresse à la reine :
3868 "Dame." *fait-il,* "ce vêtement
Va se trouver fort abîmé :
Cette jachère est pleine de vase.
Je serais navré et désolé
3872 Qu'il en vienne à coller à vos vêtements."
Iseut rit, car elle n'a pas peur.
Elle lui fait un clin d'oeil et le fixe;
Il comprend la pensée de la reine.
3876 *Un peu en aval, près d'un buisson d'épines,*
Andret et lui découvrent un gué,
Qu'ils traversent sans beaucoup se salir.
Iseut reste seule sur l'autre rive.
3880 *Devant le gué, il y a la grande presse*

Des deux rois et de leurs vassaux.
         Ecoutez comme Iseut est habile !
Elle sait bien que ceux qui sont sur
3884   L'autre rive du Mal Pas l'observent.
Elle s'approche de son palefroi,
Prend les franges de la housse de selle,
Et les noue sur les arçons ;
3888   Aucun écuyer ni aucun valet
Ne saurait mieux les relever
Et les disposer pour affronter les marais.
Elle glisse les sangles sous la selle;
3892   La belle Iseut enlève au palefroi
Son poitrail et son frein.
D'une main, elle tient sa robe,
Et de l'autre le fouet.
3896   Elle amène le palefroi près du gué
Et, d'un coup de fouet,
Lui fait traverser le marais.
         La reine attire tous les regards
3900   De ceux qui sont sur l'autre rive.
Les nobles rois sont ébahis,
Comme tous les autres qui assistent à cette scène.
La reine porte des vêtements de soie,
3904   Importés de Bagdad
Et fourrés d'hermine blanche;
Manteau et tunique forment une traîne.
Sur ses épaules tombent ses cheveux,
3908   Tressés de rubans de lin et de fil d'or.
Son front est ceint d'un cercle d'or
Qui entoure complètement
Un visage rose, frais et clair.
3912   Elle s'avance ainsi vers la passerelle :
"Je vais avoir besoin de toi.
- Noble et aimable reine,
J'irai vers vous sans protester,
3916   Mais je ne sais ce que vous me voulez.
- Je ne veux pas éclabousser mes vêtements;
Tu me serviras d'âne et tu me porteras
Prudemment sur la planche.

- Quoi ! " *fait-il,* "noble reine,
Ne me demandez pas une chose pareille :
Je suis lépreux, couvert de plaies, contrefait.
- Vite," *dit-elle,* "place-toi un peu convenablement.
3924 Crois-tu que j´attraperai ton mal ?
N´aie crainte, il n´en sera rien.
- Ah Dieu ! " *dit-il,* "que signifie cela ?
Je ne me lasse pas de lui parler."
3928 *Il s´appuie fréquemment sur sa béquille.*
"Allons ! malade, tu es bien robuste !
Tourne ton visage par là et ton dos par ici;
Je monterai comme un homme."
3932 *Alors le lépreux sourit.*
Il tourne le dos et elle y monte;
Tous les regardent, et rois et comtes.
Il soutient ses jambes de sa béquille,
3936 *Lève un pied et pose l´autre;*
A plusieurs reprises il fait mine de tomber,
Et prend des airs de martyr.
Iseut la belle le chevauche,
3940 *Jambe deçà, jambe delà.*
Les gens se disent : "Regardez donc

. . . .
Voyez la reine chevaucher
3944 Un malade qui sait boiter :
Peu s´en faut qu´il ne tombe de la planche.
Il tient sa béquille sous la hanche.
Allons au devant de ce lépreux
3948 A l´extrémité de ce marécage."
Les damoiseaux y courent

. . . .
Le roi Arthur va de ce côté
3952 *Et tous les autres à la file.*
Le lépreux, gardant la tête baissée,
Gagne la terre ferme sur l´autre rive.
Iseut se laisse glisser.
3956 *Le lépreux s´apprête à retourner;*
En partant, il demande en échange
A la belle Iseut, à manger pour ce soir.

	Arthur dit : "Il l´a bien gagné;
3960	Ah ! reine, donnez-le lui ! "
	Iseut la belle répond au roi :
	"Avec tout le respect que je vous dois,
	Ce gueux est robuste, il ne manque de rien,
3964	Et ne mangera pas aujourd´hui tout ce qu´il a.
	Sous son manteau, j´ai senti sa ceinture;
	Roi, sa bourse ne diminue pas :
	J´ai senti à travers le sac,
	Des demi-pains et des entiers
3968	Ainsi que des rogatons et des restes.
	Il a de quoi manger et il est bien vêtu;
	S´il veut vendre vos guêtres,
3972	Il peut bien en tirer cinq sous sterling.
	Et en échange de l´aumuce de mon mari,
	Qu´il achète une litière et se fasse berger,
	Ou un âne qui fasse traverser le bourbier.
3976	C´est un voyou, que je sache.
	Il a ramassé aujourd´hui bonne pâture,
	Il a trouvé un public selon son coeur.
	De moi, il n´obtiendra rien qui vaille
3980	Un seul ferlin ou une maille."
	Les deux rois manifestent leur gaîté.
	Ils lui amènent son palefroi,
	La mettent en selle et s´éloignent de là.
3984	*Ceux qui sont armés, engagent alors une joute.*
	Tristran quitte le lieu de l´assemblée
	Et rejoint son maître, qui l´attend.
	Il lui a amené deux nobles chevaux de Castille
3988	*Equipés de frein et de selle,*
	De deux lances et de deux boucliers;
	Il les a bien rendus méconnaissables.
	Que vous dire des cavaliers ?
3992	*Governal s´est couvert la tête*
	D´une guimpe de soie blanche; seuls les yeux
	Sont visibles, de quelque façon qu´on le regarde.
	Il s´éloigne au pas;
3996	*Il a un beau cheval, bien nourri.*
	Tristran, lui, monte Beau Joueur;

Il n'en existe pas de meilleur.
Cotte, selle, cheval et bouclier
4000 Sont couverts d'une serge noire;
Son visage est voilé de noir,
Tout est caché, la tête et les cheveux.
A sa lance il a noué la faveur
4004 Que la belle lui a envoyée.
Chacun enfourche sa monture,
Chacun a ceint son épée.
Ainsi armés, sur leur chevaux,
4008 Traversant une verte prairie, entre deux vallons,
Ils surgissent sur la Blanche Lande.
Gauvain, le neveu d'Arthur, dit à
Girflet : "Regarde venir ces deux-là
4012 Qui s'approchent à fond de train.
Je ne les connais pas, sais-tu qui ils sont ?
- Je les connais bien," répond Girflet,
"Le cheval noir et l'enseigne noire
4016 Appartiennent au Noir de la Montagne.
Je reconnais l'autre à ses armes bigarrées
Car on n'en voit pas souvent dans cette région.
Ils sont ensorcelés, j'en suis convaincu."
4020 Les deux hommes surgissent de la foule,
Serrant leurs boucliers, les lances levées,
Les pennons fixés aux fers.
Ils portent si bien leur armure
4024 Qu'on les croirait nés ainsi équipés.
Le roi Marc et le roi Arthur
S'entretiennent beaucoup plus de ces deux-là
Que des hommes de leurs suites
4028 Qui sont là-bas dans la vaste plaine.
Les deux se distinguent souvent dans les rangs
Et ils attirent l'attention de beaucoup de gens;
Ils chevauchent ensemble en première ligne,
4032 Mais ils ne trouvent personne à qui se joindre.
La reine les reconnaît bien;
Elle se tient d'un côté du rang
Avec Brangien. Andret arrive
4036 Sur son destrier, tenant ses armes;

La lance dressée et l'écu au poing,
Il fonce de plein front sur Tristran.
Il ne le reconnaît pas du tout,
4040 Mais Tristran, lui, n'ignore pas qui il est;
Il le frappe sur le bouclier et l'abat
Au milieu du chemin en lui brisant le bras.
L'homme va s'écrouler aux pieds
4044 De la reine, sans se redresser.
Governal voit venir du côté des tentes,
Sur un cheval, le forestier
Qui a voulu livrer Tristran à mort,
4048 Dans la forêt où il dormait profondément.
Il s'élance vers lui à toute allure :
L'autre est déjà en danger de mort.
Il lui enfonce son fer tranchant dans le corps;
4052 L'acier perce la peau de l'autre côté.
L'homme tombe mort si vite qu'aucun prêtre
N'arriva et n'eût pu venir.
Iseut qui est noble et simple,
4056 En rit doucement sous sa guimpe.
Girflet, Cinglor, Ivain,
Taulas, Coris et Gauvain
Voient malmener leurs compagnons.
4060 "Seigneurs," fait Gauvain, "qu'allons-nous faire ?
Le forestier gît là, bouche ouverte.
Sachez que ces deux-là sont ensorcelés;
Nous ne les connaissons nullement.
4064 Ils nous prennent pour des lâches.
Sus à eux, allons les prendre.
- Qui pourra nous les livrer," dit le roi,
"Nous rendra un grand service."
4068 Tristran descend vers le gué
Avec Governal et ils traversent.
Les autres n'osent pas les suivre,
Mais restent sur place, saisis d'effroi;
4072 Ils sont persuadés que c'est de la sorcellerie.
Ils veulent retourner au campement,
C'est pourquoi ils ont cessé de jouter.
    Arthur chevauche à la droite de la reine,

4076	*Et le chemin lui semble fort court*
	. . . .
	Qui s'éloignerait à droite de la route.
	Ils descendent devant leurs tentes.
4080	*Elles sont nombreuses sur la lande,*
	Et les tendeurs ont coûté cher.
	Au lieu de joncs et de roseaux,
	Ils ont jonché leurs tentes de fleurs.
4084	*Ils arrivent par routes et par sentes.*
	La Blanche Lande est couverte de monde;
	Beaucoup de chevaliers y sont avec leur dame.
	Ceux qui sont dans la prairie,
4088	*Entendent poursuivre maints grands cerfs.*
	Ils passent la nuit sur la lande.
	Chaque roi donne une audience publique;
	Ceux qui possèdent des richesses
4092	*Ne tardent pas à échanger des présents.*
	Après le repas, le roi Arthur
	Va visiter le roi Marc dans sa tente,
	Et il emmène ses familiers.
4096	*On y voit peu d'habits de laine,*
	La plupart sont vêtus de soie.
	Que vous dire de leurs vêtements ?
	Il y en a en laine, mais elle est teinte en rouge;
4100	*Ce drap de laine est de l'écarlate.*
	Nombreux sont les gens bien habillés,
	Jamais on n'a vu deux cours plus riches;
	Il n'est pas de besoin qu'on n'y puisse satisfaire.
4104	*Dans les pavillons on se réjouit;*
	Cette nuit-là on discute de la situation,
	Comment la noble et bonne dame
	Doit se laver de l'accusation
4108	*Devant les rois et leur suite.*
	Le roi Arthur va se coucher
	Suivi de ses barons et de ses intimes.
4112	*Quiconque se serait trouvé cette nuit-là dans le bois,*
	Aurait pu entendre sonner dans les tentes
	Maint flageolet et mainte trompette.
	Avant l'aube, il se met à tonner,

Assurément, en raison de la chaleur.
4116 Les veilleurs sonnent le jour;
Partout on commence à se lever,
Et tous le font sans retard.
Le soleil est chaud dès la première heure,
4120 La brume et le givre ont disparu.
Devant les tentes des deux rois,
Les Cornouaillais se sont assemblés;
Il n'est de chevalier dans tout le royaume
4124 Qui ne soit accompagné de sa femme à la cour.
Un drap de soie orné de brocart gris foncé
Est placé devant la tente du roi;
Il est finement brodé de figures d'animaux.
4128 On l'étend sur l'herbe verte.
Le drap a été acheté à Nicée.
Il n'est pas de reliques de Cornouailles,
En trésors ou en phylactères,
4132 En armoires ou autres coffres,
En reliquaires, écrins ou châsses,
En croix d'or et d'argent ou en masses,
Qui ne soient posées sur le brocart,
4136 Rangées et disposées dans l'ordre.
Les rois se placent d'un côté;
Ils veulent rendre un jugement équitable.
Le roi Arthur prend le premier la parole,
4140 Lui qui a le verbe aisé :
"Roi Marc," fait-il, "celui qui vous conseille
Une telle extrémité, commet une énormité;
Certes," dit-il, "cet homme se conduit de façon déloyale.
4144 Vous êtes facile à influencer,
Vous ne devez pas ajouter foi à un discours mensonger.
Celui qui vous a fait convoquer cette assemblée
Vous a préparé une sauce bien amère;
4148 Il devrait payer de sa personne
Et regretter d'avoir voulu cela.
La noble et bonne Iseut
Ne veut avoir de répit ni de sursis.
Que ceux qui viendront écouter sa défense
4152 Sachent avec certitude que

Je les ferai pendre si,
Par dépit, ils l'accusent d'égarement
4156 Après la justification;
Ils mériteront la mort.
Ecoutez donc, roi; quel que soit le coupable,
La reine s'avancera,
4160 Pour que petits et grands la voient,
Et jurera devant le roi céleste,
La main droite sur les saintes reliques,
Qu'il n'y a jamais eu, entre elle et votre neveu,
4164 D'inclination, mutuelle ou non partagée,
Que l'on puisse mal interpréter,
Et qu'elle ne s'est pas livrée à la débauche.
Seigneur Marc, ceci n'a que trop duré;
4168 Quand elle aura fait ce serment
Dites à vos barons qu'ils se tiennent pour satisfaits.
- Hélas ! sire Arthur qu'y puis-je ?
Vous me faites des reproches et vous avez raison,
4172 Car insensé est celui qui écoute les envieux.
Je les ai écoutés malgré moi.
Si elle est innocentée en ce pré,
Il n'y aura personne d'assez téméraire,
4176 Après la justification,
Pour tenir à son sujet des propos déshonorants
Sans recevoir un châtiment bien mérité.
Sachez ceci, noble roi Arthur,
4180 Ce qui a été fait, l'a été malgré moi.
Mais qu'ils prennent garde dorénavant ! "
Sur ce, ils terminent leur entretien.
Tous vont s'asseoir en rangs,
4184 *Excepté les deux rois. Et pour cause :*
Ils tiennent Iseut par la main entre eux deux.
Gauvain se trouve près des reliques
Et la suite d'Arthur, tant prisée,
4188 *Est rangée autour du drap de soie.*
Arthur, qui est le plus près d'Iseut,
Prend la parole :
"Ecoutez-moi, belle Iseut,
4192 Apprenez la déclaration qu'on attend de vous :

Que Tristran ne vous a porté
Aucun sentiment honteux ou déshonnête,
Si ce n'est celui qu'il doit
4196 A son oncle et à la compagne de celui-ci.
- Seigneurs," *fait-elle,* "grâce à Dieu,
Je vois ici les saintes reliques.
Ecoutez donc le serment que je vais faire,
4200 Et ce que j'affirme au roi ici présent :
Dieu me soit témoin et saint Hilaire,
Ces reliques, cette châsse,
Toutes celles qui ne sont pas ici
4204 Et toutes celles de par le monde,
Que jamais homme n'est entré entre mes cuisses,
Hormis le lépreux qui se fit bête de somme
Pour me porter par-dessus le gué,
4208 Et le roi Marc, mon époux.
J'exclus ces deux-là de mon serment,
Mais je n'en excepte personne d'autre.
Mon serment ne vaut pas pour deux personnes :
4212 Le lépreux et le roi Marc, mon époux.
Le lépreux s'est trouvé entre mes jambes
. . . .
Si l'on veut que j'en fasse davantage,
4216 J'y suis toute prête, ici même."
Tous ceux qui l'ont entendue jurer,
Ne peuvent en supporter davantage.
"Dieu ! " *fait chacun,* "son serment est plein d'assurance.
4220 Elle s'est si bien pliée aux exigences de la justice !
Elle en a dit plus que ne le demandaient
Et que ne le requéraient les félons.
Il ne lui faut pas d'autre justification -
4224 Et vous l'avez entendue, grands et petits -
Que celle qui concerne le roi et son neveu.
Elle a juré et fait serment
Que personne n'est entré entre ses jambes
4228 A l'exception du lépreux qui l'a portée
Hier, par-dessus le gué, vers l'heure de tierce,
Et du roi Marc, son époux.
Malheur à qui mettra jamais sa parole en doute ! "

4232	*Le roi Arthur se met debout*
	Et s'adresse au roi Marc
	Pour que tous les barons l'entendent :
	"Roi, nous avons vu, entendu
4236	Et bien compris la défense.
	Maintenant, que les trois félons, Denoalen,
	Ganelon et Godoïne, le mauvais,
	Se gardent de jamais prononcer
4240	Une seule parole à ce sujet.
	Tant qu'ils seront en ce pays,
	Ni paix, ni guerre ne me retiendront,
4244	Dès que la reine Iseut la belle
	Me fera parvenir un message,
	De venir à toute allure
	Soutenir son bon droit.
	- Sire," *fait-elle,* "je vous remercie ! "
4248	*Les trois sont fort détestés par la cour.*
	Les deux cours se quittent et s'en vont.
	Iseut, la belle aux cheveux blonds,
	Remercie chaleureusement le roi Arthur.
4252	"Dame," *fait-il* "je m'en porte garant :
	Vous ne trouverez plus personne,
	Tant que j'aurai santé et vie,
	Qui vous dise ne fût-ce qu'un seul mot désobligeant.
4256	C'est pour leur malheur que les félons ont eu cette pensée.
	Je prie le roi, votre époux,
	Sincèrement et très affectueusement,
	De ne plus jamais croire un félon à votre sujet."
4260	*Le roi Marc répond :* "Si je le fais
	Dorénavant, blâmez-moi."
	Ils se quittent et
	Chacun regagne son royaume;
4264	*Le roi Arthur se rend à Durham,*
	Le roi Marc retourne en Cornouailles.
	Tristran demeure là et ne se fait guère de souci.

LA MORT DES TRAÎTRES

Le roi a rétabli la paix en Cornouailles;
4268   *Tous le craignent, de loin et de près.*
Il intéresse Iseut à ses divertissements
Et s'efforce de l'entourer de beaucoup d'affection.
Mais, en dépit de cette paix,
4272   *Les trois félons méditent une trahison.*
Un espion en quête d'une meilleure existence,
S'est présenté à eux.
"Seigneurs." *fait-il,* "écoutez-moi !
4276   Si je vous mens, pendez-moi.
L'autre jour vous avez mécontenté le roi
Et il vous a pris en aversion
Suite au jugement de sa femme.
4280   Je consens à être pendu ou exilé,
Si je ne vous montre clairement
Tristran, attendant le moment propice
De parler à sa bien-aimée.
4284   Il se cache, mais je connais sa cachette.
Tristran connaît bien Malpertuis;
Quand le roi va se divertir,
Il va à la chambre pour prendre congé.
4288   Vous pouvez me réduire en cendres
Si, vous approchant de la fenêtre
De la chambre, derrière à droite,
Vous ne voyez arriver Tristran,
4292   L'épée ceinte, tenant un arc d'une main
Et deux flèches de l'autre.
Vous le verrez venir cette nuit, vers l'aube.
- Comment le sais-tu ? - Je l'ai vu.
4296   - Tristran ? - Oui vraiment, je l'ai vu et reconnu.
- Quand y était-il ? - Je l'ai vu là ce matin.
- Et qui était avec lui ? - Son ami.
- Son ami ? Qui cela ? - Le seigneur Governal.

4300	- Où se sont-ils installés ? - Ils passent leur temps
	Dans un logement élégant. - Est-ce chez Dinas ?
	- Qu´en sais-je ? - Ils n´y sont pas
	A son insu ! - C´est probable.
4304	- Où les verrons-nous ? - Par la fenêtre
	De la chambre; c´est la pure vérité.
	Si je vous le montre, il me faudra
	Beaucoup d´argent, autant que j´en attends.
4308	- Dis combien. - Un marc d´argent.
	- Tu auras bien plus que cette promesse,
	Par l´Eglise et la messe;
	Si tu nous le montres,
4312	Nous ne manquerons pas de t´enrichir.
	- Ecoutez-moi maintenant," *dit l´infâme*, "...
	Il y a une petite ouverture
	Juste à la hauteur de la chambre de la reine;
4316	La tapisserie la dissimule.
	Derrière la chambre, le ruisseau est large
	Et les glaïeuls y poussent bien dru.
	Que l´un de vous trois s´y rende de bon matin;
4320	Par la brèche du nouveau jardin,
	Qu´il s´approche sans bruit de l´ouverture;
	Que personne ne passe devant la fenêtre.
	Taillez au couteau une longue perche
4324	Bien pointue;
	Piquez l´étoffe de la tenture
	Avec la tige à l´épine pointue;
	Ecartez doucement la tenture
4328	De l´ouverture (car elle n´est pas fixée),
	Afin de voir clairement à l´intérieur,
	Quand il viendra lui parler.
	Si vous montez ainsi la garde, pendant trois jours seulement,
4332	Je consens à être brûlé,
	Si vous ne voyez ce dont je vous ai parlé."
	Chacun d´eux de promettre :
	"Nous respecterons notre engagement."
4336	*Ils envoient l´espion en avant.*
	Alors ils discutent pour savoir lequel des trois
	Ira le premier regarder les ébats amoureux

Auxquels Tristran se livre dans la chambre
4340   Avec celle qui est toute à lui;
Ils conviennent que Godoïne
Ira en premier lieu.
Ils se quittent et chacun s'en va.
4344   Demain ils sauront comment Tristran se conduit.
Dieu ! la noble dame ne prend pas garde
Aux félons et à leur intrigue.
Par l'intermédiaire de Perinis, un de ses familiers,
4348   Elle a demandé que Tristran vienne
A elle le lendemain matin :
Le roi se rendra à Saint-Lubin.
        Apprenez, seigneurs, ce qui est arrivé !
4352   Le lendemain, à la nuit noire,
Tristran se fraie un chemin
A travers une épaisse épinaie.
A l'orée d'un bois, il regarde autour de lui
4356   Et voit venir Godoïne,
Qui s'en vient de son refuge.
Tristran lui prépare un piège
En se dissimulant dans le bosquet d'épines.
4360   "Ah Dieu ! " s'exclame-t-il, "veillez sur moi,
Puisse celui qui s'approche ne pas m'apercevoir
Avant d'être à ma portée ! "
Il l'attend à distance et tient son épée.
4364   Godoïne prend un autre chemin.
Tristran reste là plein de dépit;
Il sort du bosquet et se dirige de ce côté,
Mais c'est en vain, car celui qui se dépense
4368   A nuire, s'éloigne déjà.
Tristran regarde au loin et voit,
Peu de temps après,
Denoalen venir à l'amble
4372   Avec deux lévriers d'une taille étonnante.
Il se poste derrière un pommier.
Denoalen suit le sentier
Sur un petit palefroi noir;
4376   Il envoie ses chiens dans un fourré
Pour lever un farouche sanglier.

Avant qu´ils ne parviennent à le déloger,
Leur maître recevra un coup
4380 *Que jamais médecin ne pourra guérir.*
Tristran le preux enlève son manteau.
Denoalen arrive rapidement;
Tristran bondit avant qu´il ne soupçonne quelque chose.
4384 *Il veut s´enfuir, mais n´y réussit pas;*
Tristran le serre déjà de trop près
Et le tue. A-t-il le choix ?
L´homme veut sa mort; il est sur ses gardes
4388 *Et lui coupe la tête,*
Sans lui laisser le temps de dire : "Je suis blessé".
Il tranche les tresses avec son épée
Et les glisse dans ses chausses,
Afin qu´Iseut croie qu´il l´a tué,
4392 *Quand il les lui montrera.*
Tristran quitte rapidement les lieux.
"Hélas," *fait-il,* "qu´est devenu
4396 Godoïne - il a disparu maintenant -
Lui que j´ai vu venir si vite tout à l´heure ?
Est-il passé ? Est-il parti aussitôt ?
S´il m´avait attendu, il aurait su
4400 Qu´il n´emporterait pas de meilleure
Récompense que le félon Denoalen,
Que j´ai laissé la tête coupée."
Tristran abandonne le corps sanglant,
4404 *Etendu sur le dos au milieu de la lande.*
Il essuie son épée et la remet
Dans le fourreau, prend son manteau
Et se coiffe de son chaperon;
4408 *Après avoir couvert le corps d´une branche,*
Il se dirige vers la chambre de sa bien-aimée.
Mais écoutez maintenant, ce qui lui est arrivé.
        Godoïne, en courant,
4412 *A devancé Tristran.*
Il perce la tenture à l´intérieur,
Voit la chambre jonchée
Et tout ce qu´elle contient :
4416 *Il n´y aperçoit d´autre homme que Perinis*

Brangien, la jeune fille, y entre;
Elle vient de coiffer la belle Iseut
Et a encore le peigne en main.
4420 Le félon, appuyé contre le mur,
Regarde et voit entrer Tristran,
Portant un arc d'aubour.
D'une main il tient ses deux flèches
4424 Et de l'autre, deux longues tresses.
Il ôte son manteau et sa noble stature apparaît.
Iseut, la belle aux cheveux blonds,
Se lève devant lui et le salue.
4428 La fenêtre lui révèle l'ombre
De la tête de Godoïne.
La reine garde son sang-froid,
Mais la fureur la couvre de sueur.
4432 Tristran s'adresse à Iseut :
"Dieu me garde comme l'un des siens," dit-il,
"Voici les tresses de Denoalen.
Je vous ai vengée de lui :
Jamais il n'achètera ou n'utilisera
4436 Ecu ni lance.
- Sire," répond-elle, "cela me concerne-t-il ?
Mais, je vous en prie, tendez donc cet arc,
4440 Que nous voyions comment on le bande."
Tristran le tend, puis réfléchit.
Ecoutez ! Il s'interroge,
Se fait une opinion, et bande l'arc.
4444 Il s'enquiert du roi Marc;
Iseut lui dit ce qu'elle en sait.

. . . .

S'il (Godoïne) peut en échapper vivant,
Il fera naître un conflit mortel
4448 Entre le roi Marc et Iseut, son épouse.
[Tristran] - Dieu lui permette de se couvrir d'honneur
Fera obstacle à sa fuite.
4452 Iseut n'est pas d'humeur à plaisanter :
"Ami, encochez une flèche et
Veillez à ce que le fil ne se torde.
J'aperçois quelque chose qui m'importune;

4456   Tristran, tendez votre arc au maximum."
Tristran se lève et réfléchit un instant;
Il sait bien qu'elle voit quelque chose
Qui lui déplaît. Il lève les yeux et
4460   *Prend peur, il tremble et frémit;*
A contre-jour, à travers la tenture,
Il voit la tête de Godoïne.
"Ah Dieu, vrai roi, j'ai tiré
4464   De si beaux coups avec un arc et une flèche;
Faites que je ne rate pas celui-ci !
Je vois là dehors un des trois félons de Cornouailles,
Prêt à faire du tort.
4468   Dieu, qui as immolé ton corps très saint
Pour le bien de l'humanité,
Laisse-moi me venger du tort
Que ces félons me causent ! "
4472   *Alors il se tourne vers le mur,*
Il vise plusieurs fois et tire.
La flèche part si vite
Que rien ne pourrait lui échapper.
4476   *Il l'envoie se ficher dans l'oeil et*
Elle traverse le crâne et la cervelle :
Ni l'émerillon ni l'hirondelle
N'atteignent la moitié de sa vitesse;
4480   *Eût-ce été une pomme blette,*
La flèche ne l'aurait traversée plus vite.
L'homme tombe, heurte un poteau
Et ne remue plus ni bras ni jambes.
4484   *Il n'a même pas le temps de dire :*
"Je suis blessé. Dieu ! Confession

. . . .

TABLE